Georg Kämpgen

Wunder Gottes in unserem Leben

Gott hört
und erhört Gebet

Auch heute noch!

Georg Kämpgen
Elektro-Ingenieur und Pastor

ISBN: 978-3-00-062221-2
Selbstverlag-Produktion
2. Auflage 2019-05
Satz: Gerhard Bachor, www.multimedia-bachor.de
Printed in Germany 2019

Umschlaggestaltung: Gerhard Bachor
Titelbild: pixabay.com – Collage: Gerhard Bachor
Gedruckt in Deutschland
Bibeltexte nach der revidierten Übersetzung M. Luther 1984
Rechte an Bilder: privat, aus dem eigenen Archiv

Inhaltsverzeichnis

Mein Lebenslauf

Georg Kämpgen

1936 wurde ich in Duisburg geboren. Durch meine Oma fand ich mit 12 Jahren zu Gott. Mit 14 erlernte ich den Beruf eines Elektrikers.

Auf dem 2. Bildungsweg studierte ich Elektrotechnik an der Duisburger Ingenieurschule. Nach dem Examen arbeitete ich als Montageingenieur 30 Jahre weltweit: in Europa, Afrika, Asien und Amerika. 1961 heiratete ich meine Frau Herta. Wir sind nun über 57 Jahre glücklich verheiratet und haben drei Kinder, 12 Enkel, vier Urenkel und drei Patenkinder in Indien. Von 1970 bis 2012 hatte ich in der Duisburger Ecclesia-Gemeinde viele verantwortliche Aufgaben.
20 Jahre war ich dort als Gemeindeleiter tätig.
Nach meiner Pensionierung ging ich 2001 zum Theologischen Institut nach Beröa, Erzhausen und wurde 2004 als Pastor ordiniert.

In meinem Leben habe ich viele wunderbare Dinge mit Gott erlebt. In diesem Buch habe ich einiges davon aufgeschrieben.
2003 fiel ich 10 Meter tief von einem Dach und war dem Tode nahe. Seit 2012 bin ich Mitglied im Gideonbund e. V. (die u.a. Bibeln in Hotels verbreiten) und habe in dieser Funktion auch viele Erlebnisse gehabt. Ich bin dankbar, dass ich vielfach Unterstützer und Helfer hatte, die mich ermutigten, dieses Buch zu schreiben. Insbesondere möchte ich folgenden Personen danken: Meiner Frau Herta, Pastor Wolfgang Müller, Gerhard Bachor, Heinz Egleder und vielen anderen. Mein eigentlicher Dank gebührt Gott: Dass ich heute, mit 82 Jahren, noch in vielen Gemeinden in Deutschland und anderen Ländern das Wort Gottes verkündigen darf, ist nur der Gnade, Güte und Treue unseres Herrn Jesus Christus zu verdanken.

Ihm sei Ehre, Preis und Dank!

6

Vorwort

In unserer Zeit hasten und jagen die Menschen, um ein wenig Glück zu erleben. Im Beruf, in Vergnügungen, im Sport und vielen anderen Dingen sucht man Befriedigung für sein Leben zu finden.

Oft endet dann die Suche in Enttäuschungen. Auch können Drogen und Alkoholsucht die Folge sein und man erkennt zu spät, dass alles „Haschen nach Wind" ist, wie ein weiser Mann es mal gesagt hat.

Mit diesem kleinen Buch habe ich versucht, von einem Teil meiner Erlebnisse zu berichten. Ich habe sie in chronologischer Folge von meiner Kindheit bis heute in Tagebuchform aufgeschrieben.

Beim Schreiben stellte ich fest, dass noch viele andere Erlebnisse erwähnenswert gewesen wären. Vielleicht das in einer folgenden Ausgabe.

Dieses Büchlein soll vor allen Dingen dazu dienen, das weiter zu geben, was Gott zu tun vermag, wenn man gläubig betet und ihm kindlich vertraut.

Gott sagt nicht umsonst:
„Erzählt von den Wundern, die ich getan habe."
(Psalm 26,7)

Georg Kämpgen   März 2019

Gott hört und erhört Gebet.
Auch heute noch!

Mit diesen Berichten möchte ich in chronologischer Folge das weitergeben, was Gott zu tun vermag, wenn man ihm vertraut.

1. 1942: Als Kind im Bunker in Duisburg verschüttet

Es war im Krieg 1942. Die Sirenen heulten, Bomber waren im Anflug, um ihre tödliche Last auf Duisburg abzuwerfen.

Ich war sechs Jahre alt und wurde wieder einmal mitten in der Nacht aus dem Bett gezerrt, um schnell mit anderen Leuten in den Bunker zu rennen. Wir saßen mit ca. 30 Leuten im Bunker in Duisburg-Meiderich auf der Friedrichstr. 43. Plötzlich gab es einen ohrenbetäubenden Knall. Das Licht ging aus und der ganze Raum war von Rauch, Staub und Dreck erfüllt.

Eine Luftmine war genau am Eingang des Bunkers gefallen und hatte ihn zugeschüttet. Die Leute schrien, die Kinder weinten und große Angst war in allen Herzen. Da stand meine Großmutter auf und sagte mit lauter und fester Stimme: „Ich bitte um Ruhe, ich will jetzt beten." Dann betete sie ungefähr so:

„Herr Jesus, du siehst jetzt unsere Situation. Wir sind hier verschüttet, wir haben Angst, aber Du bist hier. Du hast gesagt, rufe mich an in der Not, so will ich dich erretten, und du sollst mich preisen. (Ps. 50,15)

Du nimmst jetzt all unsere Angst von uns. Ich danke dir, dass Du das jetzt wahr machst und uns alle errettest und keiner zu Schaden kommt. Ich danke dir im Voraus dafür, dass du es tust und preise deinen Namen. Amen."

Es kehrte Ruhe ein. Einige hatten Taschenlampen dabei, die angemacht wurden. Kerzen wurden angezündet, nach einigen Stunden bangen Wartens hörten wir Klopfgeräusche und stellten fest, dass man dabei war, eine Öffnung in den verschütteten Eingang zu graben.

Nach einigen Stunden war ein kleines Loch vorhanden, welches immer weiter vergrößert wurde, und durch diese Öffnung konnten wir auf allen vieren an das Tageslicht klettern.

Der treue Herr hat das Gebet meiner Oma in wunderbarer Weise erhört. Für mich war es das erste einschneidende geistliche Erlebnis meines Lebens.

Großmutter, wie sie leibte und lebte

Eingang des Bunkers nach dem Wiederaufbau

2.   1943: Im Eis eingebrochen

Es war März 1943. Der eisige Winter ging so langsam in mildere Temperaturen über. Trotzdem waren Bäche und Teiche noch zugefroren. Ich war wie immer neugierig, ob man auf dem Eis des nahen Teiches noch gehen könne.

Vorsichtig ging ich ein paar Schritte und begann zu schliddern. Es ging ganz gut, und das Eis hielt. Ich wunderte mich, dass nicht mehr Kinder auf dem Eis spielten und ging weiter auf die Mitte des Teiches zu. Plötzlich hörte ich ein Knirschen und Knacken, das Eis brach, und ich stürzte in das eiskalte Wasser. Ich versuchte in Richtung des rettenden Ufers zu kommen, aber das Eis brach immer ab, sobald ich mich auf die Eisfläche stützte, um auf das Eis zu kommen. Meine Hilfeschreie wurden nicht gehört, weil keine Kinder oder Erwachsene in der Nähe waren. Plötzlich erinnerte ich mich an die Notlage im Bunker des vorstehenden Erlebnisses und das Gebet meiner Oma. Ich rief laut: „Herr Jesus rette mich, bitte hilf mir und lass mich nicht ertrinken."

Ein vorbei fahrender Bauer mit seinem Pferdewagen hörte mein Schreien und mein Gebet. Er kam zu dem Teich und rief: **„Bewege dich nicht mehr, ich hole eine Leiter."** Obwohl es mir wie eine halbe Ewigkeit vorkam, war er nach kurzer Zeit zurück und schob die Leiter auf der Eisfläche zu mir. Als sie bei mir ankam, rief er: **„Halte dich an der Leiter fest, ich ziehe dich langsam zu mir."**

So geschah es, und nach einigen bangen Minuten war ich mit meinen total durchnässten Kleidern am rettenden Ufer.

Ich konnte nur sagen:
„Danke Herr Jesus, dass du mich vor dem Ertrinken bewahrt und mein Gebet erhört und den Bauer vorbeigeschickt hast. Amen."

3.   1944: Biber rissen mir fast den Finger ab

Da die Gefahr, durch Bombenangriffe der Alliierten das Leben zu verlieren, sehr groß war, wurden ältere Menschen und Kinder evakuiert. Mein erster Aufenthalt war bei einer Frau Helle in Hiddenhausen (bei Bünde) in Westfalen.

Diese Frau hatte eine Pelztierzucht, die aus ca. 30 Bibern bestand. Eine meiner Aufgaben war es, diese Tiere zu füttern. Eines Tages hatte ich Runkelrüben vom Feld geholt und warf diese in den offenen Käfig.
Ein Tier sprang hoch, um die Rüben als erstes zu bekommen und erfasste dabei meinen rechten Ringfinger, der sofort von den scharfen Zähnen zerfetzt wurde. Mit einem Notarztwagen wurde ich zum nächsten Chirurgen gefahren, der den Finger wieder festnähte.

Meine Oma betete sofort mit mir, und durch die Gnade Gottes bin ich vor größerem Schaden bewahrt worden.

4.   1948: Die erste Entscheidung für Jesus

Meine Großmutter erklärte mir früh, was Sünde ist. Bald hatte ich erkannt, dass es auch in meinem jungen Leben Sünde gibt.

Sie sagte mir, dass der Herr Jesus am Kreuz für meine Sünde gestorben ist. Wenn ich das glaube, schenkt ER mir durch sein Opfer am Kreuz das ewige Leben.

Vielleicht wird jemand sagen: „Was hat so ein Kind denn für Sünden getan?" Ich hatte gelogen, hier und dort etwas gestohlen, war ungehorsam gewesen, ich war ungeheuer jähzornig usw.

Das alles ist Unrecht gegen Gott. Wenn man auch nur ein Gebot übertritt, ist man ein Sünder. Ich bereute diese Taten, bekannte meine Sünde und nahm Jesus Christus als meinen persönlichen Herrn und Heiland an.

Da zog ein tiefer Friede in mein Leben ein und ich wusste jetzt: „Ich bin nun sein Kind. Mir hat der Herr Jesus durch seinen Opfertod am Kreuz alle Schuld vergeben, und ich habe durch Jesus ewiges Leben."

5.   1958: Gebet um Heilung von meinem Jähzorn

Von Natur war ich nicht der Geduldigste und wurde sehr schnell aufgeregt und wütend. Diese Wut steigerte sich manchmal, und endete dann im Jähzorn. Dass ich nicht zum Totschläger wurde, ist nur der Güte und Gnade Gottes zu verdanken.
Als 10-jähriger schlug ich eines Tages mit einem Spaten einem Mädchen auf dem Kopf. Gott bewahrte dieses Mädchen, dass es nicht ernsthaft verletzt wurde.

Ich litt unter diesem Jähzorn und wollte davon befreit werden. Obwohl ich ein Gotteskind war, kam dieser Geist des Jähzorns manchmal über mich.

Eines Tages kniete ich mich in unserem Wohnzimmer hin und betete ungefähr folgendermaßen: „Herr Jesus, ich komme jetzt zu dir und du siehst und kennst meinen Jähzorn. Es tut mir leid, dass ich manchmal so ausraste. Aber ich komme alleine nicht davon los. Deshalb löse ich mich augenblicklich von dem Geist des Jähzorns in deinem Namen. Ich will nichts mehr damit zu tun haben. Ich danke dir, dass du mich von diesem Zorn befreit hast Amen."

Ich habe nichts Sonderliches gespürt, aber einige Tage später kam der Test, dass der Herr Jesus mich befreit hat: Es hatte den ganzen Tag geregnet und der Abfluss von unserem Balkon war verstopft, so dass das Wasser nicht ablief. Dadurch drohte das Wasser in das Wohnzimmer zu fließen.

Um das zu verhindern, bohrte ich ein Loch in den Betonboden des Balkons, damit das Wasser in den Vorgarten abfließen konnte. Plötzlich kam der Mieter, der über uns wohnte, aus dem Haus und beschimpfte mich mit Worten, die ich nicht auszusprechen wage. Er meinte, dass das Wasser in seinen Keller läuft, aber das war völlig unmöglich.

Normalerweise hätte ich jetzt mit ähnlichen Worten zurück-geschossen, aber ich blieb ganz ruhig und versuchte ihn zu beruhigen. Die Tür fiel krachend ins Schloss und er verschwand mit den Worten: „Wir sehen uns vor Gericht wieder."

Da merkte ich, dass Gott mich von dem Jähzorn befreit hat.

6. 1958: Erlebnis beim Tod meines Vaters

Kinder sind oft ungehorsam und wollen auf die Ermahnung der Eltern nicht hören. Im irdischen Leben gibt es nach der fünften Ermahnung, die in den Wind geschlagen wird, eine sogenannte Handauflegung. Das heißt, man bekommt etwas auf den Hosen-boden. Ich wurde Teenager und lernte den Beruf eines Elektrikers und war bald stolzer Geselle. Aber die Verbindung mit meinem Gott, die ich als Kind gehabt hatte, war nicht mehr so vorhanden. Gott ermahnte mich durch seinen Geist viele Male, wieder die Verbindung mit ihm zu suchen, aber ich hörte nicht.

Dann kam das, wovon ich geschrieben hatte, nämlich von einer geistlichen Handauflegung. Die kam, als sie meinen Vater tot nach Hause brachten. Er war in einer Kohlenzeche tödlich verunglückt. Am Grabe meines Vaters tat ich Buße und bekannte, dass ich ein lauer Christ war. Gott sagt in der Bibel (Offb. 6,16), dass er die Lauen ausspucken wird aus seinem Mund. Am Grab meines Vaters bat ich um Vergebung und gelobte, von nun an mit Gott durch mein ganzes Leben zu gehen.

Es ging auch danach durch Höhen und Tiefen,
aber immer blieb ich an seiner Hand. Halleluja!

7. 1956: Studium an der Ingenieurschule in Duisburg

Ich wollte ursprünglich Steiger werden, das ist der Ingenieur auf einer Zeche. Durch den Tod meines Vaters, der wie beschrieben tödlich auf der Zeche verunglückte, ging ich dann bis 1959 zum Studium zur Ingenieurschule nach Duisburg, um Elektrotechnik zu studieren. Da passierte es, dass ich bei einer praktischen Übung einen elektrischen Stromschlag erhielt. Ich wurde bewusstlos und es trat Herzflimmern ein.

Doch meine Stunde war noch nicht da und unser treuer Gott brachte mich noch einmal ins Leben zurück.

14

8. 1959: Gott benutzt einen 80-jährigen meine Frau zu finden

Mein erster Kontakt zur Ecclesia-Gemeinde Duisburg war im Jahr 1959. Ich wurde von Duisburger Geschwistern zu einer Silvesterfeier nach Dinslaken eingeladen. Ein 80-jähriger Mann aus der Ecclesia-Gemeinde nahm mich in seinem Wagen mit. Das war vor fast 60 Jahren.

Auf dieser Feier wurde unter anderem auch ein Bibelquiz gemacht. Es waren verschiedene Fragen aus der Bibel, die beantwortet werden mussten. Wo steht z.B., wer sagte, wo geschah das erste Wunder Jesu. Es gab zwei Gewinner mit den meisten Punkten. Der eine war ich, die andere Gewinnerin war ein Mädchen, welches Herta hieß. Ich wurde natürlich zur Jugendstunde eingeladen, die damals in der sogenannten Milchbar des Mercator-Gymnasiums auf der Musfeldstraße in Hochfeld stattfand.

Der erste Funke der Verliebtheit sprang an diesem Silvesterabend zu Herta über und endete anderthalb Jahre später mit der Hochzeit.

Gott brauchte einen Opa, dass ich meine Frau finden konnte.

9. 1961: Gottes Geist hilft eine Gemeinde zu finden

Nachdem ich mein Studium beendet hatte, fing ich bei einer großen Maschinenbaufirma an.

Der erste große Einsatz ging nach Salzgitter-Lebenstedt. An dem ersten Sonntag suchte ich dort eine Gemeinde. Ich betete vorher, dass mich Gott führen möchte, eine bibeltreue Gemeinde zu finden.

Mit meinem Wagen fuhr ich los und sah eine Frau, die offensichtlich zu einer Kirche ging. Ich hielt an und fragte nach einer bibeltreuen Gemeinde. Die Frau sagte mir, dass sie am Nachmittag immer um die nächste Ecke zu einer Pfingstgemeinde gehen würde, da wäre es sehr gut. Ich fuhr dorthin und fand dort eine wunderbare geistliche Heimat und liebe Geschwister, bei denen ich später auch ein Zimmer mieten konnte.

Gott sagt in seinem Wort: „Wer sucht, der findet." (Mt. 7,7)
Das hatte sich wieder exakt bewahrheitet.

10. 1961: Salzgitter - Fehler in der Anlage

Die Anlage zum Schmelzen von Stahl war montiert und in der Probephase. Es war am Abend, und ich wollte in die dortige Gemeinde zu einem Gottesdienst gehen. Aber an der Schaltanlage kam immer wieder eine Störmeldung, die ich aber nicht lokalisieren konnte, weil sie wieder von alleine nach kurzer Zeit verschwand.

Die Anlage konnte ich auf keinen Fall so verlassen. Was war zu tun? Ich kniete mich an der Schalttafel nieder und betete: „Herr Jesus, bitte zeige mir doch, wo der Fehler liegt." Da höre ich eine Stimme hinter mir, die sagte: „Leiste 7, Klemme 17". Erschrocken drehte ich mich um, aber kein Mensch war weit und breit zu sehen. Ich ging zu der besagten Klemme hin und fand einen losen Draht. Als ich die Klemme festgedreht hatte, war alles in Ordnung.

Gott sendet seine Engel und hilft.
Ich konnte beruhigt zum Gottesdienst gehen.

16

11. 1962: Erleben der Geistestaufe

Nachdem ich einige Monate in diese Gemeinde ging, fand eine Bibelwoche mit Pastor Lorenz (Senior) statt. Nach der Predigt wurde gefragt, ob irgendjemand da wäre, der die Geistestaufe noch nicht erlebt hätte und sie gerne bekommen möchte. Ich meldete mich unter anderen. Wir gingen in einen kleinen Raum über dem Gemeindesaal, knieten uns nieder und beteten leise um die Fülle des Heiligen Geistes. Bruder Pieper, ein junger Pastor, legte mir die Hände auf und betete in einer ganz feinen und stillen Weise mit mir. Auf einmal öffnete sich mein Mund, ich sprach in einer mir unbekannten Sprache.

Gott hatte mich mit seinem Geist getauft und sofort die Gabe der Zungenrede (reden in unbekannter Sprache) gegeben. (Apg. 2,4)

Eine ganz neue Erfahrung durfte ich erleben. Trotzdem war ich immer noch fragend, ob das wirklich eine von Gott geschenkte Gabe ist. Die Antwort sollte ich bald erhalten.

12. 1963: Mit dem Auto bei Glatteis in Gevelsberg

Ich war beauftragt, einen Ofen zum Schmelzen von Stahl in Gevelsberg im Bergischen Land zu montieren. Ich wohnte zu der Zeit mit meiner Familie in einer Wohnung oberhalb von Gevelsberg auf einem Berg.

Als wir den Berg runterfuhren, um in Gevelsberg einzukaufen, versagten die Bremsen, und der Wagen kam bei Glatteis ins Schleudern.

Der Wagen drehte sich um die eigene Achse und rutschte rückwärts den Berg runter. Unten auf der Straße rodelten Kinder und der Wagen drohte die Kinder zu überfahren. Wir schrien: **„Herr Jesus hilf."** Da kam der Wagen trotz des Glatteises zum Stehen. Es ist nicht auszudenken, was passiert wäre, wenn der Wagen in die Kinderschar gefahren wäre.

Danke Herr Jesus, du hast uns bewahrt,
dass kein Unglück geschehen ist.

13. 1963: Hilfe bei der Arbeit in Spanien

Nach dem Deutschland-Einsatz erfolgten Montagen im europäischen Ausland und anschließend in Asien, Afrika und Amerika. Mein erster Auslandseinsatz ging nach Spanien. Ich bekam 20 Spanier zugeteilt, einen Stoß Zeichnungen und sprach kein Wort spanisch. Auch kein Übersetzer stand zur Verfügung. Ich musste einen Antrieb für einen großen Schmelzofen montieren, der so groß war wie ein Haus. Da ich nicht Mechanik studiert hatte, sondern Elektrotechnik, war es für mich eine Riesenherausforderung. Dass dieses für mich eine fast unüberwindliche Aufgabe war, kann man sich gut vorstellen.

Wie ich da in beruflicher Hinsicht die Weisheit von Gott bekommen habe, ist für mich heute noch ein Wunder. Ich konnte das Drehwerk mit den spanischen Leuten und meinen geringen spanischen Kenntnissen montieren, und jeden Tag lernte ich ein bisschen mehr Spanisch. Bei der Abnahme zeigte es sich, dass die Toleranz in einem sehr guten Bereich war.

Halleluja, unser Herr hilft in allen Dingen.

14. 1963: Blutvergiftung meiner Frau in Spanien

Während dieser Zeit bekam meine Frau eine Blutvergiftung am Arm. Er wurde ganz steif, der rote Streifen bewegte sich unaufhörlich in Richtung des Herzens. Es war schon fast Mitternacht und ein Arzt war auch nicht zu erreichen. Als wir inständig beteten, dass Gott doch in dieser Not eingreifen möge, geschah das Wunder. Nach einiger Zeit ging der rote Streifen so zurück, wie er gekommen war. Gott sagt in seinem Wort:

„Rufe mich an in der Not, so will ich dich erhören und du sollst mich preisen." (Psalm 50,15)

Wir konnten nur noch danken, dass Gott unser Gebet erhört und in seiner Gnade eingegriffen hatte.

15. 1963: Stromschlag an den Stromschienen

Nachdem ich den großen Antrieb in diesem spanischen Werk montiert hatte, mussten verschiedene Verbindungen an Stromschienen hergestellt werden. Ich hatte den Strom abgeschaltet, aber kein Schild aufgehängt: **„NICHT EINSCHALTEN"**

Plötzlich schaltete jemand den Starkstrom von 380 Volt ein und mein Körper hing komplett über den Stromschienen und verkrampfte sich immer mehr. Schreien konnte ich nicht mehr. Da sah der Mann, der eingeschaltet hatte, meinen Körper oben über den Stromschienen hängen und riss den Schalter heraus.

Ich fiel nach unten und war total betäubt. Nach einigen Stunden Ruhe kam ich wieder zu mir und konnte weiterarbeiten.

Das ist das zweite Wunder, welches ich mit elektrischem Strom erlebte - das erste Stromwunder (Seite 14) hatte ich 1959 bei meinem Studium.

Ich kann nur immer wieder sagen: „Gott ist treu."

16. 1963: Blitzeis auf der Fahrt zwischen Basel und Besançon

Wir fuhren zum Weihnachtsurlaub mit unserem VW Käfer. Auf der Rückreise von Deutschland nach Spanien kamen wir zwischen Basel und Besançon in einen Temperatursturz. Es regnete und gleichzeitig fiel die Temperatur unter null Grad. Es bildete sich Blitzeis und man konnte auch nicht mehr normal laufen. Rechts und links der Straße lagen schon viele Autos im Graben. Wir beteten ohne Unterlass um Bewahrung. Plötzlich bog ein PKW ab, so dass wir direkt hinter einem LKW fahren konnten. Der Beifahrer des LKW ging vor dem LKW her und streute Asche auf die Straße, und wir konnten direkt hinter ihm im Schritttempo fahren. Wir brauchten für die 30 km von Basel bis Besançon fünf Stunden.

Aber wir haben die Horrorfahrt mit Gottes Hilfe ohne Unfall überstanden. Halleluja!

17. 1963: Geburt unseres ersten Kindes Ursula

Mein Schwiegervater war auf der Suche nach einem Haus. Er bat mich, ihn ins Bergische Land zu fahren, wo er sich einige Objekte anschauen wollte.

Meine Frau war hochschwanger, dennoch sagte sie, wir sollten getrost fahren.

Sie wollte noch warten, bis die Wehen kommen, um ins Krankenhaus zu gehen. Sie ging sogar mit ihrer Mutter einkaufen. Als sie in ein Kaufhaus gingen, platzte die Fruchtblase, und meine Frau Herta musste per Taxi ins Krankenhaus gefahren werden. Wenig später wurde unser erstes Kind problemlos geboren.

Die vielen Gebete für eine glückliche Geburt hat unser Herr erhört. Ihm allein sei Dank!

18. 1963: Der ausgekugelte Arm unserer Tochter Ursula

Unsere älteste Tochter lag in ihrem Kinderbett und streckte ihre Arme aus, als ich an ihrem Bettchen stand. Ich wollte sie hochziehen und fasste sie an den Händen. Dabei fing sie fürchterlich an zu schreien und ein Arm fiel schlaff nach unten. Er war ausgekugelt.

Wir beteten inständig, dass Gott den Arm wieder in seine normale Lage bringen sollte. Da sie aber nicht aufhörte zu schreien, entschlossen wir uns ins Krankenhaus zu fahren.

Wir beteten aber immer weiter für unsere Tochter, dass Gott doch eingreifen möge. Als der Arzt endlich kam und sie untersuchen wollte, hörte sie auf zu schreien. Der Arm kam von selbst in seine normale Lage. Der Arzt wunderte sich, weil er ja nichts gemacht hatte.

Wir gaben dem Arzt ein Zeugnis, dass Gott unser Gebet erhört hat.

19. 1964: Gottes Antwort auf die Frage des Sprachengebetes

Ich komme aus der evangelischen Landeskirche und wurde von meiner Mutter zu einem Gottesdienst in eine Pfingstgemeinde in Duisburg-Hamborn eingeladen. Vorher hatte ich zum Herrn Jesus gebetet, er möge mir doch eine Antwort auf die verschiedenen Sprachengebete in der Pfingstgemeinde geben. Mir war es unerklärlich, dass Menschen eine fremde Sprache sprechen, die sie nicht gelernt haben. Dass dann noch jemand übersetzte, war mir echt suspekt.

Während der Gebetszeit in dieser Gemeinde hörte ich auf einmal eine ältere Schwester in reinem Spanisch beten. Weil ich gerade aus Spanien zurückkam, waren meine spanischen Kenntnisse recht ordentlich, so konnte ich jedes Wort verstehen.

Sie begann: „Bendicce alma mia y no olvidar que bueno cosas el Sennor hecho." (*„Lobe den Herrn meine Seele und vergiss nicht, was er dir Gutes getan hat."*)

Das ist exakt der Beginn des 103. Psalm. Ein anderer Bruder sagte: „Der Herr gibt mir eine Auslegung dazu." Beide Geschwister hatten keine höhere Schule besucht und konnten keine Fremdsprache.

Ich aber dankte Gott für die Gebetserhörung, dass ich jetzt weiß, Gott sieht unser Herz und antwortet.

Eine Sprachengabe, wie sie in 1. Kor. 12 und 14 beschrieben ist, ist echt biblisch.

20. 1964: Geburt unseres Sohnes Traugott

Meine Frau war schwanger und wir erwarteten jeden Tag die Geburt unseres zweites Kindes. Sie wollte gerne unser Kind zu Hause entbinden. Deshalb war mit einer Hebamme, die in unserer Nähe wohnte, alles exakt abgesprochen. Am 03. Juli 1964 kamen Wehen, aber meine Frau sagte mir, dass ich noch warten sollte, die Hebamme zu holen. Am nächsten Tag vormittags kamen die Wehen in kurzen Abständen, und ich machte mich eilig auf den Weg, um die Hebamme zu holen. Leider konnte ich sie nicht erreichen, weil sie zu einer anderen Geburt gerufen worden war. Ich war in tausend Nöten und betete ohne Unterlass, dass ich eine Hebamme finden möge.

Meine Frau lag zu der Zeit alleine auf dem Sofa. Während die Wehen in ganz kurzen Abständen kamen, kam zufällig mein leiblicher Bruder vorbei. Er leistete Erste Hilfe. Ich bekam die Anschrift einer zweiten Hebamme, die ebenfalls in der Nähe wohnte. Als ich bei dieser Hebamme ankam, war diese gerade im Begriff das Haus zu verlassen, um in Urlaub zu fahren. Ich bat sie inständig, sofort mit mir zu meiner Frau zu kommen, weil die Geburt unmittelbar bevorstand. Sie brachte ihr Reisegepäck zurück, nahm ihren Hebammenkoffer und fuhr mit mir zu unserer Wohnung. Bevor wir aber eintrafen, war unser zweites Kind, ein gesunder Junge, geboren und konnte von ihr abgenabelt werden. Wir dankten unserem treuen Herrn und Gott von ganzem Herzen, dass alles so glücklich abgelaufen war.

Auch hier erlebten wir, dass Gott Gebet erhört.

21. 1965: Unfall und Hilfe auf der Fahrt nach Wilhelmshaven

Ich wurde zu einer Reparatur nach Wilhelmshaven zur Fa. Sande geschickt. Es war Winter und es hatte an dem Tag stark geschneit. Mit meinem VW Käfer fuhr ich auf der verschneiten Straße in eine Spur, die schon mehrere Autos ausgefahren hatten. In einer Kurve kam ich aus der Spur und drehte mich um 360 Grad um die eigene Achse. Dann kullerte ich mit meinem Käfer einen Abhang hinunter und überschlug mich mehrmals. Der Wagen rutschte dann durch ein offenes Weidegitter und blieb mit den Rädern nach oben auf dem Dach liegen. Ein Wunder ohnegleichen, dass gerade dort ein Weidegitter offen war, sonst wäre Schlimmeres passiert. Er hätte leicht in Flammen aufgehen können. Ich schrie, als ich mich mehrmals überschlug, nur drei Worte: „Herr Jesus, hilf!" Als der Wagen zum Stillstand kam, klettere ich unversehrt aus dem Auto.

Halleluja, unser Herr hat seinen Engel gesandt und mich vor dem Tod bewahrt.

Aber wie geht es jetzt weiter? Ich betete still und sagte zu meinem Gott: „Herr, du siehst, wie ich hier alleine nie rauskomme, bitte, lass doch jemand kommen, der mir hilft." Da kommt eine Straßenbaukolonne vorbei und der Vorarbeiter steht oben am Straßenrand und sagt in plattdeutsch: „Jung, wat häs du denn mookt?"

„Ja", sagte ich, „ich bin hier heruntergekullert, aber mir fehlt nichts. Ich weiß nur nicht, wie ich wieder herauskomme." Der Vorarbeiter befahl seinen Leuten zu kommen, und acht kräftige Männerhände stellten den Wagen wieder auf die Räder: „Los, reinsetzen und den Motor anlassen", befahl der Vorarbeiter mir. Der Motor lief und alle schoben mit dem laufenden Motor das Auto den Abhang hinauf.

Auf meine Frage, was ich schuldig bin, sagte der Vorarbeiter: „Alles o.k. Fahre, Junge, ehe die Polizei kommt und dir eine Anzeige schreibt." Ich bedankte mich ganz herzlich für die spontane Hilfe. Noch mehr bedankte ich mich bei dem treuen Herrn Jesus, der große Gnade geschenkt hatte, dass kein Benzin auslief, und der Wagen nicht in Flammen aufging. Wenn er nicht durch das offene Weidegitter gerollt wäre, hätte es katastrophale Folgen gehabt.

Durch den ca. 50 cm hohen Schnee war der Wagen nicht beschädigt, nur das Dach des Käfers war nicht mehr rund, sondern flach. Er war wie auf Watte heruntergerollt.

Unserem Herrn gebührt alle Ehre für die wunderbare Bewahrung bei diesem Unfall.

22. 1965: Der Unfall meiner Frau in Jugoslawien

Eine der schlimmsten Zeiten, die unser Leben dramatisch geprägt hat, möchte ich besonders hervorheben, es war das Jahr 1965.

Nach einem etwa einjährigen Aufenthalt in Spanien wurde ich zu einem Einsatz nach Mazedonien im ehemaligen Jugoslawien entsandt.
Zwischenzeitlich bekam ich den Auftrag von meiner Firma, in einer anderen Stadt im nördlichen Jugoslawien eine Reparatur durchzuführen. Während dieser Zeit war meine Frau in Mazedonien alleine mit unseren beiden Kindern. Ich flog nach Norden und meine Frau blieb in Mazedonien. Sie fuhr mit unserem Wagen in die ca. 20 km entfernte Stadt Tetovo, um auf dem Wochenmarkt einzukaufen.

Zwei Frauen und unsere Tochter fuhren mit ihr. Auf dem Rückweg stand dort ein Kind am Straßenrand und winkte.

Plötzlich lief dieses Kind über die Straße und wurde von dem Wagen meiner Frau erfasst.

Es war bewusstlos und wurde auf die andere Seite der Straße hingelegt. Einen Notarzt anzurufen war nicht möglich, es gab weit und breit kein Telefon.

Das Mädchen wurde nach ca. eine Stunde auf einem Lastwagen in das 60 km entfernte Skopje gebracht. Alleine diese Fahrt dauerte über eine Stunde. Nachdem ich aus Nordjugoslawien zurückgekehrt war, erkundigte ich mich nach dem Mädchen: „Es spielt wieder auf der Straße," sagte man mir „und alles wäre o.k."

Das beruhigte uns. Die Beule am Wagen reparierte ich selbst.

Als wir nach drei Monaten nach Hause fahren wollten, gab man uns unsere Reisepässe nicht wieder, diese mussten monatlich ein neues Visum bekommen. Der Polizeikommissar sagte, das Mädchen sei gestorben, und wir könnten erst nach der Gerichtsverhandlung nach Hause fahren. Auf fahrlässige Tötung stünden zehn Jahre Zuchthaus. Was solch eine Aussage bedeutet in einem fremden Land, kann sich kein Mensch vorstellen.

Eine schlimme Zeit machten wir durch, weil der Vater des Mädchens Zeugen dazu brachte, falsch auszusagen. Er behauptete, meine Frau wäre links gefahren und hätte das Mädchen deshalb überfahren. Der Vater verlangte ein entgangenes Brautgeld von 20.000 DM für das gestorbene Mädchen.

Viele Gerichtsverhandlungen gab es. In der 3. Instanz wurden wir freigesprochen, weil die Gemeinde in Deutschland unablässig für uns betete. Als freie Bürger konnten wir das damals kommunistische Land verlassen.

Ein weiterer Beweis für Gottes Treue und dass Gott Gebet erhört.

Welche Last von unserer Schulter fiel, kann nur der erfassen, der ähnliche Situationen erlebt hat. Gott allein die Ehre, dass er uns in dieser schrecklichen Lage geholfen hat.

23. 1965: Gebet um einen geistlichen Bruder in Indien

Ich wurde nach Indien entsandt, um Öfen zum Schmelzen von Stahl zu montieren und in Betrieb zu nehmen. Das Werk wurde von Russen und Tschechen aufgebaut, die den Ofen bei meiner Firma gekauft hatten.

Ich wurde als Deutscher von dem nordindischen Stahlwerk angefordert, und war als einziger Deutscher unter Tschechen und Russen. Dadurch hatte ich monatelang keine Gemeinschaft mit einem Gotteskind. Da ich sehr einsam war, betete ich inständig um irgendeinen Menschen, mit dem ich geistliche Gemeinschaft pflegen könnte. Kurze Zeit später ging ich durch die Straßen der Stadt Ranchi, wo ich arbeitete. Die Straßen waren voll von Menschen, Autos, Kühen und Rikschas. Mein Gebet war immer: „Herr, lass mich doch einen geistlichen Bruder finden." Plötzlich fuhr ein Jeep an mir vorbei und in meinem Herzen war eine klare Aufforderung; „Sprich mit diesem jungen Mann im Jeep." Doch ich kam dieser Eingebung nicht sofort nach und der Jeep fuhr weiter. An der nächsten Ampel stand der Jeep, weil die Ampel gerade Rot hatte. Ich fasste mir ein Herz und rief in den offenen Jeep hinein: „Hallo junger Mann, sind sie nicht aus Deutschland?" „Ja", rief er, „komm herein." In den nächsten Minuten erkannten wir uns als Kinder Gottes. Er hieß Wolfgang Kruse und arbeitete für „Brot für die Welt" in Ranchi und Umgebung.

Mein Gebet hatte Gott erhört und ich verlebte unvergessliche Stunden in der Gemeinschaft mit ihm.

Wir besuchten zusammen diverse Schulen und brachten den Kindern Nahrung für warme Mahlzeiten. Nachstehende Bilder zeugen von den Speisungen und der Gemeinschaft.

Wolfgang Kruse von „Brot für die Welt"   Wolfgang Kruse und ich singen für Jesus

Mit ihm hatte ich viele Stunden herzliche Gemeinschaft und war bei den Schulspeisungen von „Brot für die Welt", wie das untenstehende Bild zeigt, oft dabei.

Schulspeisungen von „Brot für die Welt"

24. 1965: In Indien: Inbetriebnahme des Ofens und nichts ging

Die Inbetriebnahme der Schmelzanlage stand kurz bevor. Ich prüfte noch einmal alle Funktionen. Der Ofen hatte drei Elektroden von ca. 50 cm Durchmesser. Wenn ich die Elektrode 1 schaltete, dann fuhr die Elektrode 3. Wenn ich die Elektrode 2 schaltete, dann fuhr Elektrode 1. Ich suche stundenlang, fand aber die Ursache nicht. Um Mitternacht fuhr ich todmüde ins Hotel.

Bevor ich mich hinlegte, ging auf meine Knie und betete, indem ich sagte: „Herr, du weißt, wo der Fehler liegt, ich weiß es nicht, aber zeige mir den Weg, wo ich suchen soll." Da träumte ich, dass die Kabel von Elektrode 1 und 3 in Deutschland vertauscht worden sind. Ich wurde wach und dachte: „Habe ich geträumt oder ist das wahr?" Sofort fuhr ich ins Werk, tauschte die gesamten Kabelstränge, und die Anlage funktionierte.

Ich hatte den Fehler immer bei der Verdrahtung durch das indische Personal gesucht, dabei war der Fehler in Deutschland beim Bau der Verdrahtung der Steuerpulte und Schaltschränke geschehen.

Ich war wieder um eine Erfahrung reicher.
Gott gibt Antwort auch durch Träume.

Auf dem Bild ist der Ofen zu sehen, an dem nichts mehr ging.

25. 1966: Verkauf des Hauses in Mülheim Ruhr

Wir hatten mit unserem Schwiegervater ein Haus mit Grundstück gekauft. Jeder besaß 50 Prozent. Bald stellte sich heraus, dass der ehemalige Eigentümer ein Betrüger und Lügner war. Er beschuldigte meinen Schwiegervater für Dinge, die er getan haben sollte (Einbruch, Beschädigung etc.). Da das alles eine große Lüge war, beschloss mein Schwiegervater, seine Hälfte zu verkaufen.

Ich war zu dieser Zeit für mehrere Monate in Indien tätig. Meine Frau schrieb mir die Situation und fragte mich, was wir machen sollen. In Psalm 32,8 steht: „Ich will dich unterweisen und dir den Weg zeigen, den du gehen sollst." Darauf ging ich in Indien intensiv ins Gebet und bat Gott, mir jetzt ganz klar den Weg zu zeigen.
Da gab mir Gott ins Herz: **„Schlage Jeremia 32,7 auf."** Als ich die Stelle aufschlug, las ich, dass dort steht: **„Kaufe den Acker."** Jetzt konnte ich getrost meine Frau die Antwort schreiben, dass wir die andere Hälfte meines Schwiegervaters kaufen würden.

Das Problem aber war, dass das Haus feucht war, die Toiletten im Keller, und die größte Schwierigkeit bestand darin, dass der ehemalige Eigentümer ein lebenslängliches Wohnrecht mit einer ganz geringen Miete hatte. Diese Vereinbarung war im Grundbuch eingetragen.

Der Nachbar bricht sein Haus (links) ab.   Mein roter VW Käfer vor dem
Unser umgebautes Haus (rechts)   Umbau unseres alten Hauses

Aber auf das Wort unseres Herrn kauften wir die Hälfte des Hauses unserem Schwiegervater ab.

Der ehemalige Eigentümer zog kurze Zeit später auf eigenen Wunsch aus, und wir konnten umbauen.

26. 1967: Flug nach Brasilien, über Sao Paulo im Gewitter

Als ich aus Indien zurückkam, schickte man mich wieder nach Südamerika. Durch meine Spanischkenntnisse wurde ich auf eine mehrmonatige Reise durch viele Länder Südamerikas gesandt. Auf dem Flug dorthin kamen wir über Sao Paulo in ein tropisches Gewitter. Das Flugzeug war wie ein Spielball und wurde hin und her geschüttelt wie trockenes Laub. Im Flugzeug war es totenstill und jeder dachte an ein nahes Ende.

Wir mussten alle den Kopf auf die Knie legen und die Sicherheitsgurte hielten uns fest, sonst wären wir von den Sitzen geschleudert worden. Einmal sackte das Flugzeug ca. 10 Sek. wie ein Stein nach unten, dann ging es wieder steil nach oben. Der Pilot hatte keine Kontrolle mehr über die Steuerung. Auch ich gab mein Leben in Gottes Hände. Plötzlich flog die Maschine steil nach oben und stieg immer höher, bis das Gewitter unter uns war. Unter uns tobte die Hölle. Wir kreisten noch einige Zeit über dem Gewitter und konnten dann normal landen.

Für mich war es eine wunderbare Erfahrung, dass man immer höher steigen muss, um in die totale Ruhe in Jesus zu gelangen. Deshalb heißt es in einem Lied: Bring mich höher auf die Berge in Gemeinschaft nur mit dir.

27. 1967: Santiago de Chile: Ein Ofen, der 10 Jahre im Schrott stand

Auf dieser Reise wurde ich auch nach Chile gesandt, um einen Lichtbogenofen zu montieren, der vor mehr als 10 Jahre geliefert worden war. Eine Herausforderung ohnegleichen, weil viele Teile verschwunden waren. Als ich die Teile nummeriert hatte, stellte ich fest, dass ein völliges Überarbeiten der gesamten Anlage erforderlich war. Menschlich gesehen ein unmögliches Unterfangen.

Dass die Anlage trotz der großen Schwierigkeiten fertig wurde, ist nur der Hilfe unseres Herrn zu verdanken. Er hilft in den schwierigsten Situationen des Lebens und erhört Gebet, wenn wir nicht mehr weiter wissen.

28. 1967: Sao Paulo: Gideons gesucht und gefunden

Nachdem ich meine Arbeit in Chile erledigt hatte, flog ich wieder nach Brasilien zurück. Ich musste dort mehre Monate in Sao Paulo bei unserer Vertretung eine Anlage abwickeln. Obwohl ich jeden Tag mit vielen Leuten arbeitete, hatte ich aber keine geistliche Gemeinschaft mit einem Menschen. Deshalb suchte ich eine christliche Gemeinde. Aus Deutschland hatte ich die Adresse einer kleinen Gemeinde mitgebracht. Sie sollte in einer Stadt mit dem indianischen Namen Pindanmonhangaba Anhangabau sein.

An einem Sonntag machte ich mich mit Bus, Bahn, Taxi und zu Fuß auf den Weg, um diese Gemeinde zu suchen. Aber eine Gemeinde existierte nicht an der angegebenen Adresse. Den ganzen Sonntag hatte ich umsonst eine Gemeinde gesucht. Müde und enttäuscht kam ich am Abend zurück.

Auf dem Nachttisch lag ein „Neues Testament" von den Gideons. Auf der ersten Seite stand: Suchen sie Kontakt, dann rufen sie uns an.

Aber keine Adresse oder Telefon war angegeben. Ich schlug das Telefonbuch auf und suchte darin Nummern mit den Namen „Gideon." Mein Wunsch war, gläubige Christen zu finden. Doch die meisten, die ich anrief, hießen nur Gideon, gehörten aber nicht zu den christlichen Gideons.

Dann betete ich, dass Gott mich doch leiten möge, Christen zu finden. Ich schloss die Augen und tippte mit meinem Finger auf einen weiteren Namen Gideon. Als ich diese Nummer wählte, meldete sich eine Frau mit dem Namen Gideon. Ich trug mein Anliegen vor, dass ich aus Deutschland komme und hier in Sao Paulo Christen suche. Sie sagte, dass ihr Mann Mitglied bei den Gideons sei und mich gerne kontaktieren würde. Er würde um 20 Uhr in mein Hotel kommen. Er kam auch und lud mich in sein Haus ein. Dort fand regelmäßig ein Hauskreis statt, und ich war sehr froh, dass ich Gotteskinder gefunden hatte.

Gott gibt immer Antwort, wenn wir ernstlich suchen, auch wenn wir nicht weiterkommen. Halleluja!

29. 1967: Brasilien: deutsche Gemeinde gefunden

Durch den Hauskreis der Gideons wurde ich zu der deutsch-brasilianischen Gemeinde in Sao Paulo eingeladen. Beim ersten Gottesdienst in der Kirche bat der Pastor einen Bruder mit dem Namen Fürstenau, das Schlussgebet zu sprechen. Ich hörte den Namen, ging anschließend zu ihm hin und fragte ihn, ob er Verwandte in Mülheim Ruhr hätte.

Er bejahte das, und es stellte sich heraus, dass es unsere Nachbarn waren. Dadurch entstand sofort ein enger Kontakt zu dieser Familie. Nach kurzer Zeit hatte ich dort, in der brasilianischen Gemeinde, viele Aufgaben übernommen: Man bat mich zu predigen, im Chor mit zu singen und Kranke zu besuchen.

Ich fühlte mich dort heimisch wie in der eigenen Gemeinde. Außerdem lernte ich viele Geschwister kennen und hatte in meiner Freizeit gute Gemeinschaft.

**Gott segnete den Dienst sehr, auch dass Kranke,
mit denen ich beten durfte, gesund wurden.**

30. 1967: Notlandung in Kolumbien in einem gemieteten Flugzeug

Das nächste Land, welches ich besuchen musste, war Kolumbien. Ich sollte einen Kunden besuchen, dessen Fabrik ca. 500 km von der Stadt Medellin entfernt im Urwald lag. Ich ging zum Flughafen, um ein Flugtaxi zu chartern. Ich handelte einen Preis aus und flog mit diesem Flugtaxi los. Als wir ca. eine Std. geflogen waren, schaute ich auf die Instrumente, die vor mir lagen. Ich sah, dass die Temperaturanzeige des einen Motors immer höher stieg, dann setzte der Motor aus. „Que asemos ahora" (*„Was machen wir jetzt?"*), fragte ich den Piloten. „Vamos abacho" (*„Gehen wir nach unten!"*), antwortete er mir. „Perro donde" (*„Aber wo?"*), fragte ich. „Vamos saber..." (*„Werden wir sehen..."*), antwortete er mir.

Mein Herz schlug mir bis zum Hals, solche Angst hatte ich. Soweit das Auge sehen konnte, war weit und breit nur Urwald zu sehen.

In Kolumbien fallen jährlich etliche dieser kleinen Maschinen vom Himmel in den Urwald und werden nie mehr wiedergefunden.

Sollte das meine letzte Stunde sein? Dann tat ich das, was ein Gotteskind in solchen Situationen mit Sicherheit tut.

Was ist das? Natürlich Beten. Ich betete ungefähr so: **„Herr Jesus, du siehst jetzt, in welcher brenzlichen Lage wir sind. Es kann sein, dass wir gleich abstürzen. Darum bitte ich dich noch einmal, wie ich es schon vor Jahren getan habe. Vergib mir alles, was in meinem Leben dir nicht gefallen hat. Wasche mich rein durch dein Blut. Du weißt, dass ich so gerne meine Frau und Kinder wiedersehen möchte, aber wenn du es anders beschlossen hast, dann lass ich mich fallen in deine Hände."**

Es geschah etwas Eigenartiges: Der Motor blieb weiter außer Funktion, aber ich war so ruhig, als wenn ich in meinem Wohnzimmer sitzen würde. Die Todesangst war weg. Der Pilot war schweißgebadet und suchte krampfhaft einen Notlandplatz. Endlich fand er eine kleine Lichtung.

Dort setzte er die Maschine auf und löschte sofort den Motor, der zu brennen anfing. Da der Funkkontakt nicht abgerissen war, konnte er nach Hilfe funken. Nach einigen Stunden wurden wir von einem Hubschrauber abgeholt.

Auch in dieser Todesgefahr rettete mich unser treuer Herr und erhörte mein Gebet.

31. 1968: Das Problem des defekten Umformers in Korea

Nach dem Einsatz in Südamerika musste ich in Korea eine Anlage montieren und in Betrieb nehmen. Ein großer, ca. 100.000 DM teurer Umformer, war monatelang vorher nach Korea versandt worden und durch Frosteinwirkung defekt.

Er wurde in Korea repariert und der Kunde bestand darauf, dass meine Firma den gesamten Schaden bezahlen sollte. Drei Tage verhandelten wir und keine Lösung wurde gefunden. Nach drei vergeblichen Tagen sagte ich innerlich: „Ich kann nicht mehr. Herr, du musst mir helfen." Ich ging auf die Toilette und betete: „Herr, ich kann nicht mehr. Greife du ein und schenk den Männern Einsicht, dass sie den Fehler verursacht haben. Im Namen Jesu bitte ich und ich weiß, **Herr, du wirst helfen.**" Als ich herauskam, brachte der Kunde einen Lösungsvorschlag. Eine Lösung wurde in 15 Minuten gefunden. 70 % bezahlte der Kunde und 30 % haben wir übernommen.

Diese Lösung hat der Herr Jesus nur durch das Gebet bewirkt.

32. 1968: Der Bewusstlose im Hoteleingang in Ludwigshafen

Wir hatten eine Inbetriebnahme in Deutschland, in Ludwigshafen. Ich wechselte mich mit meinem Kollegen Milosch H., einem Tschechen, bei der Überwachung ab. Wir beide arbeiteten je 12 Std. Ich war am Tag bis 24 Uhr dran und er sollte mich um Mitternacht ablösen. Als er um ein Uhr immer noch nicht da war, fuhr ich in das Waldhotel, wo wir beide schliefen.

Als ich dort ankam, sah ich meinen Kollegen bewusstlos im Eingang des Hotels liegen. Der Besitzer des Hotels stand händeringend vor dem Bewusstlosen und wusste nicht, was er machen sollte. Bis ein Notarztwagen kommen kann, vergeht bestimmt eine Stunde. Er hatte keinen Puls mehr und seine Pupillen waren total verschwunden.

Als er wie tot im Eingang des Waldhotels lag, kam Glaube in mein Herz und ich gebot dem Todesgeist, im Namen Jesu, zu weichen. Nach ein paar Minuten kam er wieder zu sich und sagte.

„Jetzt weiß ich, dass es eine Hölle gibt, ich war auf der anderen Seite. Georg ich danke dir, dass du mich zurückgeholt hast."

Meine Antwort war, nicht mir sollst du danken, sondern dem Herrn Jesus. Gib ihm dein Leben und folge ihm nach. Das will ich tun, war die Antwort. Leider war es nur ein Lippenbekenntnis.

33. 1968: Gottes Bewahrung, in der Türkei nicht ermordet zu werden

Mein Chef wollte, dass ich mit ihm zu einem Kunden in die Türkei fliegen sollte. Da meine Frau mit unserem dritten Kind hochschwanger war, bat ich ihn, zu Hause bleiben zu dürfen, bis unser Kind geboren sei. Ich sollte nach der Reparatur nachkommen.

Mein Chef flog also allein in die Türkei und saß in der Abflughalle des Flughafengebäudes von Istanbul. Ein Terrorist, mit einer Maschinenpistole bewaffnet, stürmte hinein und mähte ihn und einige andere Personen nieder. Er war sofort tot.

Wenn Gott nicht einen Plan für mein Leben gehabt hätte, wäre ich unter den Toten gewesen, denn ich hätte neben meinem Chef gesessen. Halleluja, Gott hatte mich bewahrt!

34. 1968: Ägypten: Ein Besessener in einer Eisdiele

Beruflich war ich für ein halbes Jahr in Ägypten tätig. Ich lebte mit meiner Familie in Heluan, einem Vorort von Kairo. Jeden Tag gingen wir durch den Ort und kauften für unseren täglichen Bedarf ein.

Ein alltägliches Bild an der Wüste

Unsere Kinder fragten, ob sie ein Eis bekommen könnten.

Ich ging in eine Eisdiele und sagte: „Taletta Eiskrem please" (*„Drei Eis bitte"*). Plötzlich schreit ein Mann neben uns ganz furchtbar. Mir wurde sofort klar, dass es ein Besessener sein muss.

Unsere Wohnung lag direkt in der Nähe der Wüste

„Im Namen Jesu schweige", sagte ich in deutscher Sprache sehr energisch und laut. Der Besessene war auf der Stelle ruhig. Der Eisdielenverkäufer konnte das nicht verstehen und fragte, was ich gesagt hätte. Ich erkläre ihm, dass ich in dem Namen des höchsten Gottes geboten habe zu schweigen. Er sagt „Mosch momken" *(„Nicht möglich"),* und ist sehr beeindruckt.

Unser Herr bestätigt sein Wort!

35. 1968: Dramatische Reise von Marseille vor Melanies Geburt

Ich kam von einem Arbeitseinsatz in Marseille und hatte in Paris eine Zwischenlandung gemacht, um bei der Vertretung meiner Firma einiges zu besprechen. Da ich noch etwas Zeit hatte, trank ich einen Kaffee auf dem Camp Elysee in Paris. Zu spät bemerkte ich, dass meine Armbanduhr stehengeblieben war. Auf einmal sah ich, dass in einer halben Stunde mein Flug nach Düsseldorf ging. Ich kam von Marseille und hatte mein Gepäck nach Düsseldorf durchgecheckt. Ich nahm ein Taxi und sagte dem Taxifahrer, dass in einer halben Stunde mein Flugzeug nach Düsseldorf abfliegt. Der Taxifahrer brach alle Verkehrsregeln und raste zum Flughafen.

39

Am Flughafen angekommen, sagte man mir: „Sorry, the Flight is over, is already finish." Das heißt, ich hatte keine Chance mehr, das bereits gebuchte Flugzeug zu bekommen.

Am verschlossenen Gate traf ich eine Stewardess und sagte ihr, dass meine Frau ein Kind bekommt, deshalb müsse ich das Flugzeug unbedingt haben.

Die Stewardess rief über Funk einen Notarztwagen, und das Flugzeug, welches bereits in Wartestellung auf dem Rollfeld stand, wurde zurückgeholt. Ich sprang in den Notarztwagen, der mich zum Rollfeld brachte, wo das Flugzeug wartete. Die Gangway wurde heruntergelassen und ich hastete nach oben. Ich fiel erschöpft in den Flugzeugsessel und das Flugzeug hob ab.

Eigentlich war es unmöglich, dass ein Flugzeug wegen eines Passagiers vom Startplatz des Rollfeldes zurückkommt. Danke, Herr Jesus, dass du es möglich gemacht hast!

36. 1968: Ankunft in Düsseldorf kurz vor der Geburt

Während des Fluges betete ich ohne Unterbrechung, dass die Geburt nicht vor meiner Ankunft erfolgen würde, weil meine Frau ganz alleine zu Hause war.

Als ich mit dem Taxi in Mülheim eintraf, sagte meine Frau: „Es geht los." Wir fuhren ins Krankenhaus, und wenig später wurde unsere Melanie geboren. Ein wunderbar gesundes Mädchen.

**Das „Timing" (exakte Zeitplanung) Gottes stimmt,
trotz unserer Schwächen. Aber bei Gott sind alle Dinge möglich!**

37. 1969: Wie können wir in unser Haus einziehen?

Als wir nach ca. drei Jahren anfingen, das Haus für uns umzubauen, beteten wir jeden Tag für die Mieter und den ehemaligen Eigentümer. Wir könnten es ja nur nutzen, wenn die übrigen Mieter ausgezogen wären. Der ehemalige Eigentümer brauchte ja sowieso nicht auszuziehen, weil er lebenslanges Wohnrecht hatte.

Als wir, meine Frau und ich, im Garten arbeiteten, kommt er eines Tages zu uns in den Garten und sagt: „Ich werde ausziehen!" Ich dachte, ich höre nicht richtig. Ich sagte ihm, dass es finanzielle Folgen für ihn haben würde, und wie viel Geld er, denn dafür haben wollte. Zuerst sagte er: „Gar nichts!" Aber ich bestand auf einem finanziellen Ausgleich, der auch im Grundbuch eingetragen werden sollte und fragte ihn: „Sind sie mit 2.000 DM (ca. 1.000 €) einverstanden?"

Der Garten unseres Hauses

Gathestr.1969

Er sagte sofort zu. Ich stellte einen handschriftlichen Vertrag auf, machte eine Anzahlung von 1.000 DM und einige Zeit später wurde es notariell beglaubigt.

Daraufhin konnten wir das ganze Haus für uns umbauen und unsere Kinder verlebten dort eine glückliche Kindheit.

Das Ganze wurde nur möglich durch intensives Gebet und weil Gott antwortete: „Kaufe den Acker" und wir gehorsam waren und trotz der bestehenden Schwierigkeiten das Haus gekauft haben.

Gebet und Glaube waren und sind die Ursache, dass Gott hilft!

38. 1970: Bewahrung meiner Frau bei Aldi

Meine Frau ging zu ALDI, um einzukaufen. Sie stand vor einem bestimmten Regal, als ihr eine innere Stimme sagte: „Geh zuerst die Apfelsinen holen." Sie hört auf diese Stimme und ging zu den Apfelsinen.

Ein paar Sekunden später löst sich dort an der Stelle, wo sie gestanden hat, ein ca. 1 qm großer Betonbrocken von der Decke und fällt genau dorthin, wo sie vor ein paar Sekunden stand.

Ein kleiner „Brocken" fällt noch bis vor ihre Füße.

Gott redet und wenn wir hören, bleiben wir bewahrt.
Die Bewahrung Gottes und seine Fürsorge für seine Kinder sind einfach wunderbar!

39. 1970: Gebet um Wegweisung, wie viel Geld ich spenden soll

Ein Missionar sprach in unserer Gemeinde über die Not auf dem Missionsfeld. Was könnte er alles tun, wenn er die finanziellen Mittel hätte. Schulen, Kirchen, Wasserstellen und vieles andere mehr könnten gebaut werden.

Wir hatten ein altes Haus gekauft und waren dabei es umzubauen. Es mussten neue Fenster eingebaut werden. Ich hatte gerade von der Sparkasse ca. 1.000 DM abgeholt, um die neuen Fenster, die in ein paar Tagen geliefert werden sollten, zu bezahlen. Dieses Geld war in meinem Portemonnaie.

Die Frage war in meinem Herzen: **„Wie viel soll ich dem Missionar geben?"** Gott sagte klar in meinem Herzen: **„Alles!".**
Eine heftige Diskussion fand in meinem Herzen statt. Die Frage war: **„Wovon sollten dann die Fenster bezahlt werden?"**

„Das überlass nur mir," sagte Gott zu mir. Daraufhin schüttete ich mein Portemonnaie komplett in den Opferkorb.

In der nächsten Woche kam mein Chef, Herr Rosanowski, zu mir und sagte: „Herr Kämpgen, sie haben ihre Arbeit in Korea so hervorragend gemacht, dass ich bei der Geschäftsleitung eine Prämie für sie beantragt habe. Die ist heute genehmigt und sie können zur Kasse gehen und sie sofort abholen." Wie hoch war diese Prämie? Genau das Doppelte, was ich für den Missionar geopfert hatte, nämlich 2.000 DM

Gott ist ein Gott, der hält, was er zusagt. „Prüfet mich doch," sagt Gott in Mal. 3,10: „...ob ich nicht Fenster des Himmels öffne und Segen herab schütte die Fülle."

40. 1971: Gottes Bewahrung bei Fahrten

Ich hatte einen Predigtdienst in Roth bei Nürnberg. Es war schon etwas spät und ich musste mich beeilen, um pünktlich zu sein. Plötzlich sagt eine innere Stimme zu mir: **„Nimm Gas weg!"** Ich nahm das Gas weg und der Wagen verlangsamte seine Geschwindigkeit. Einige Sekunden später kam ein Motorradfahrer mir total auf meiner Seite entgegen. Das heißt, durch seine hohe Geschwindigkeit fuhr er total links. Wenn ich nicht Gas weggenommen hätte, wäre es zu einem schweren Unfall gekommen, ich hätte keine Chance mehr gehabt, dem Motorrad auszuweichen.

**Ich war wieder um eine Erfahrung reicher,
auf die innere Stimme Gottes zu hören!**

41. 1971: Gebet um Heilung meiner Wirbelsäule

Ich musste dienstlich ca. 80.000 km pro Jahr mit dem Auto fahren. Die Wirbelsäule wurde dadurch stark geschädigt, und ich hatte ständig starke Rückenschmerzen. Ich ging zu den Brüdern in der Gemeinde und bat um Gebet. In der Bibel in Jak. 5,14 steht: **„Ist jemand krank, der rufe die Ältesten der Gemeinde. Die sollen ihm die Hände auflegen, ihn salben, und das Gebet des Glaubens sprechen, und der Herr wird ihn wiederaufrichten."** Das taten die Brüder. Salbten mich mit Öl und sprachen das Gebet des Glaubens.

Während des Gebets fuhr ein heißer Strom (Starkstrom Gottes) durch meinen Körper. Die Schmerzen verschwanden augenblicklich. Ich konnte nur noch sagen: **„Danke, danke, Herr Jesus!"**

Nach acht Tagen kamen die Schmerzen wie Messerstiche wieder. Im Namen Jesu gebot ich dem Schmerzgeist zu weichen.

Die Schmerzen verschwanden wieder auf der Stelle und kamen nicht mehr wieder. Halleluja!

Gott heilt nicht nur körperlichen Krankheit, sondern auch seelische und geistliche Belastungen. Das beweist die nächste Erfahrung!

42. 1973: Mit einem Selbstmörder nachts durch Köln

Wir demonstrierten vor der rumänischen Botschaft in Köln für unsere rumänischen Geschwister, die um ihres Glaubens willen gefangen gehalten wurden. Aus ganz Deutschland waren hunderte Gläubige angereist. Wir marschierten in einem Schweigemarsch, mit Plakaten und Fahnen bewaffnet, für unsere Glaubensgeschwister. Als weitere Demonstration hielten wir eine Gebetsnacht direkt am Kölner Dom.

Als wir leise sangen und beteten, sprach der Heilige Geist in meinem Herzen: **„Hinter dir geht ein junger Mann, sprich ihn an.“**
Ich sagte: **„Hallo junger Mann, darf ich ihnen eine Info geben über Christen in Rumänien, die um ihres Glaubens willen eingesperrt werden?“**

Er sagte: **„Lass mich in Ruhe, Köln hat in der nächsten Stunde sowieso einen Einwohner weniger.“** **„Geh mit ihm“**, hieß es in mir innerlich.

„Was ragt denn da aus deiner Jacke heraus?“, fragte ich ihn. **„Meinst du, ich würde mich erhängen?“**, sagte er und zog eine 15 cm lange Pistole aus seiner Jacke.

45

Es begann ein sehr intensives Gespräch, in dem ich mich vorstellte, und er sagte: „Ich heiße Manfred." Er berichtete von seinen Problemen. Diebstahl, Drogen, Gefängnis und eine zerrüttete Ehe waren die Folge. Das alles war so erdrückend, dass er seinem Leben ein Ende setzen wollte. Wir zogen rastlos durch die Nacht in Köln, und so viel ich auch redete, es prallte an ihm ab, wie an einem Panzer.

Gegen vier Uhr, es war bitterkalt, lud ich ihn zu einer Tasse Kaffee in eine Kneipe ein. Ich sagte ihm weiter Bibelworte, aber immer ohne Erfolg. Ich betete innerlich. Da sprach der Heilige Geist zu mir: „Warum gebietest du nicht dem Selbstmordgeist im Namen Jesu?" „Vergib Herr, dass ich immer mit meiner Weisheit redete." Aber dann sagte ich: „Manfred, lass uns beten." Wir senkten gemeinsam unsere Köpfe. Dann gebot ich dem Selbstmordgeist in Jesu Namen, Manfred sofort zu verlassen.

Da schaute er mich an und sagte: „Du hast recht, meine Frau hat keinen Mann mehr und meine dreijährige Tochter keinen Vater mehr." Ich sagte laut „Halleluja!"

Er sprach jetzt ein Gebet, indem er seine Sünde bekannte und gelobte, dass ab heute Jesus Christus der Führer seines Lebens sein solle. Wir verließen die Kneipe und kamen an eine große Baustelle mit vielen großen Holzbalken vorbei.

Er zog die große Pistole aus seiner Jacke, entsichert sie und hielt sie vor einem großen Holzklotz und drückte immer wieder ab. Laut krachten die Schüsse durch Nacht. „Mann, hör auf.", sagte ich. „Nein, alle Kugeln müssen raus!", antwortete er.

Als wir uns verabschiedeten, gab ich ihm meine Telefonnummer und eine Adresse in Köln, an die er sich bei Problemen wenden kann.

Ich war sehr dankbar, dass ich auf die leise Stimme des Heiligen Geistes gehört hatte diesem jungen Mann zu folgen.

43. 1974: Kurzschluss und ich war drei Tage blind

Ein Durchflusserhitzer für Warmwasser war defekt und ich sollte ihn auswechseln. Ich stellte das Wasser ab, aber machte einen Fehler, dass ich die Sicherungen nicht alle entfernte. Dadurch war noch Spannung auf der Hauptleitung. Als ich an der vermeintlich stromlosen Leitung arbeitete, kam es zu einem Kurzschluss mit einem gewaltigen Lichtbogen. Dadurch wurde natürlich die Hauptsicherung ausgelöst. Der Lichtbogen war so stark, dass meine Augen dadurch völlig blind wurden. Ich konnte nichts mehr sehen. In einer Augenklinik wurde ich sofort behandelt, und konnte drei Tage gar nichts sehen.

Ich war drei Tage blind

Ich bin sehr dankbar, dass nicht mehr passiert ist und der Herr Jesus mich vor größerem Schaden bewahrt hat.

44. 1974: Mit meinem Sohn Traugott am Berg im Gewitter

Wir waren im Urlaub in Österreich. Als Familie fuhren wir mit unseren drei Kindern mit einer Seilbahn auf einen Berg. Meine Frau blieb mit unseren beiden Töchtern auf einer Alm in der Nähe einer Hütte. Ich stieg mit unserem Sohn weiter in Richtung Gipfel.

Plötzlich wurde der Himmel in kurzer Zeit schwarz und es zog ein Gewitter auf mit Sturm, Hagel und einem Sturzregen. Es gab nirgends eine Möglichkeit sich unterzustellen.

Wir rannten weiter, um einen Schutz zu finden, aber entdeckten nirgends etwas Passendes.
In kurzer Zeit waren wir nass bis auf die Haut.
Die Blitze und das Krachen vom Donner waren ohrenbetäubend.

Wir quetschten uns an eine Felswand und beteten gemeinsam, dass uns Gott in dieser schrecklichen Situation bewahren und uns wieder gesund zu unseren Lieben zurückbringen möge.

Nach einiger Zeit hörte das Gewitter auf und wir dankten Gott, dass wir gesund zurückkehren konnten.

45. 1978: Unsere Mutter todkrank mit Lungenembolie

Ein Erlebnis, welches meine Mutter selber aufgeschrieben hat.
Sie berichtet Folgendes: „Ich leide an einer schweren Angina Pectoris. Eines Tages bekam ich einen Herzinfarkt und konnte weder sehen noch sprechen, aber hören konnte ich noch."

Am Abend bekam ich noch einen schwereren Anfall, und die Schmerzen wurden unerträglich. Ich wurde ins Krankenhaus eingeliefert, und wusste, dass ich sterben werde.

Auf einmal waren die Schmerzen weg und ich schwebte über den Ärzten und sah, wie sie sich um mich bemühten. Danach befand ich mich an einem wunderschönen Ort. Es war so herrlich, alles aus Gold. Es standen überall Blumen und verströmten einen wunderbaren Duft.
Die Schönheit und der Glanz waren unbeschreiblich. Ich sah mich in einem langen weißen Kleid und sah den Herrn Jesus in der Ferne in einem glänzenden Sessel sitzen. Ich hatte nur einen Gedanken, hier möchte ich für immer bleiben. Während ich schon im Himmel war, beteten meine Kinder intensiv für mich.
Plötzlich kam ein Engel, der sagte zu mir: „Ich muss dich leider wieder zurückbringen, du hast noch einen Auftrag zu erledigen!"

Als ich wach wurde, hörte ich einen Arzt sagen: „Gott sei Dank, sie ist wieder da." Ich aber weinte, weil sie mich zurückgeholt hatten und sagte: „Warum habt ihr mich zurückgeholt von dem herrlichen Ort, an dem ich war?" Ein Arzt sagte: „Es soll so etwas geben, dass klinisch Tote im Himmel waren."

Der Apostel Paulus berichtet auch von einem ähnlichen Erlebnis in 2. Kor. 12,2. Er war entrückt bis in den dritten Himmel.

46. 1978: Gebet auf der Intensivstation

Ich besuchte einen Mann, der mit Magen- und Darmkrebs auf der Intensivstation im Krankenhaus lag.

Er war an vielen Apparaten angeschlossen und nicht bei Bewusstsein. Der Monitor zeigte einen Blutdruck von 170.

Sein Puls raste, und er atmete sehr schwer und es schien die letzte Stunde zu sein. Aber er stöhnte und ächzte in seiner Ohnmacht. Dann betete ich laut, dass Jesus Christus durch sein Blut und Opfer ihm alles vergeben möchte, was er in seinem Leben an Sünde auf sich geladen habe. Ich wusste seine Schuld im Einzelnen nicht, aber ich erkannte, dass unvergebene Schuld vorhanden war.

Als ich so betete und Vergebung aussprach, sah ich an den Instrumenten, dass sein Puls auf 69 herunter ging.

Ja, Gott erhört ein gläubiges Gebet, sodass man die Erhörung sogar an Instrumenten ablesen kann.

47. 1978: Gebet in Köln: Die Schwester mit einem Kropf

Ich hatte einen Dienst in Köln im Belgischen Haus am Neumarkt. Nach dem Gottesdienst kam eine Schwester zu mir und sagte: „Betest du mit mir? Schau mal was ich habe." Sie hatte einen Kropf, weil ihre Schilddrüse nicht richtig arbeitete. Ich stellte die Frage, ob sie glaube, dass Jesus sie anrühre und heile? „Natürlich", sagte sie, „sonst wäre ich nicht gekommen." Ich legte ihr die Hände auf und bat den Herrn Jesus, dass er sie heilen möge.

50

Nach einigen Monaten kam ich wieder nach Köln und da kam eine Frau auf mich zu und fragte, ob ich sie kenne: „Im Moment weiß ich es nicht", sagte ich. „Ich bin doch die Frau mit dem Kropf. Du hast doch vor einigen Monaten mit mir gebetet. Schau mich an.

Der Kropf ist nicht mehr da und das ganz ohne Medikamente."

Wir haben einen wunderbaren Herrn und einen Arzt, der ohne Operation heilt. Preist den Herrn!

48. 1979: Gebet um Heilung: Lungentumor

Der Arzt stellte bei unserem Glaubensbruder Walter Sch. einen Tumor fest und gab ihm einen Termin zur Operation. Er wurde in den Operationssaal gefahren; es sollte aber vorher nochmals eine Computer-Aufnahme gemacht werden. Aber der Apparat funktionierte nicht. „Wir müssen die Operation abbrechen. Sie müssen noch mal wiederkommen, wenn der Apparat repariert ist.", sagte der Arzt.

Am nächsten Tag kam Walter zum Gottesdienst und bat um Gebet. Wir salbten ihn mit Öl, legten ihm als Älteste die Hände auf nach dem Wort der Bibel aus Jak. 5,14, und sprachen über ihn das Gebet des Glaubens.

Als er wieder im Krankenhaus war, und erneut geröntgt wurde, kam der Arzt ganz aufgeregt und sagte: „Wo ist der Tumor? Wo ist der Tumor? Ich kann ihn nicht sehen und nicht finden."

Da gab Walter Zeugnis von dem Gebet in der Gemeinde und sagte: „Ich wusste es ja gleich, wir haben einen Gott, der heilt."

Der nächste Gottesdienst war in unserer Gemeinde ein großer Lob- und Dankgottesdienst.

49. 1980: Bei der Firma Demag: Meine Arbeitsstelle verloren

Meine Firma verkaufte unserer Abteilung an eine andere Firma und ca. 600 Personen wurden gekündigt. Ich hatte gedacht: „Du bist nicht dabei. Du sprichst einige Sprachen und bist 25 Jahre in der Firma." Doch dann kam doch der blaue Brief. Wie geht es weiter?

Als ich in der Nacht darauf nicht schlafen konnte und betete, hörte ich eine leise Stimme in meinem Herzen, die sagte: „Schlag Philipper 4,6 auf". Als ich das tat, las ich: **„Sorget euch um nichts, sondern in allen Dingen lasst eure Bitten in Gebet und Flehen mit Danksagung vor Gott kund werden, denn er sorgt für euch."** „Danke, Herr Jesus, du sorgst für mich", sagte ich und ging am nächsten Morgen pfeifend und singend ins Büro.

„Warum hast du so gute Laune?", fragten mich die Kollegen. „Ich war beim großen Boss wegen einer neuen Stelle.", sagte ich.

„Wie, beim Dr. Müller warst Du?" „Nein", sagte ich, „einen viel größeren als Direktor Müller." „Wer ist das denn", fragten sie. Ich sagte: „Bei dem dort ganz oben." Ich zeigte mit dem Finger nach oben. Da kam der berühmte Fingerzeig zum Kopf. Denn sie sagten: „Der Kämpgen ist schon durchgedreht wegen der Kündigung."

Aber wenn Gott sagt, er sorgt für uns, dann tut er es auch.
Er hält seine Versprechen!

50. 1980: Erfüllung der Zusagen Gottes

Wenn Gott in Phil. 4,6 sagt: **„Lasst all eure Anliegen mit Bitten, Flehen und Danksagung vor Gott kund werden, denn ich sorge für euch"**, dann tut er es auch, denn er hält er seine Versprechen.
Nach ca. zwei Wochen riefen mich drei Firmen an. Sie hätten gehört, dass viele Leute entlassen werden sollen, ob ich mich nicht bei Ihnen bewerben wollte. Ich reichte meine Zeugnisse und das Bewerbungsschreiben ein. Was geschah? Alle drei Firmen gaben mir eine Zusage. Ich nahm die Fa. Lüngen, in der ich nach einem halben Jahr Abteilungsleiter wurde, und nach einem Jahr stand ich als Hauptabteilungsleiter unter dem Direktor.

Ich hatte gedacht, die Kündigung wäre für mich eine Katastrophe, aber Gott wusste es besser. Als Manager für Montage weltweit war ich wieder in Europa Asien, Amerika und Afrika unterwegs.

Danke! Danke, Vater im Himmel! Du sorgst für deine Kinder.

51. 1980: Fa. Lüngen: Ein fluchender Kollege

Natürlich muss man bei einer neuen Stelle viele Sachen lernen. Deshalb stellte ich meinem Kollegen diverse Fragen. Bis zu dem Tag war ich immer sehr zurückhaltend diesem Mann gegenüber. Eines Tages hatte ich wieder einige Fragen bezüglich der Abwicklung von Aufträgen. Da wurde er auf einmal sehr unwillig und fluchte laut und missbrauchte den Namen Gottes.

Darauf fasste ich allen Mut zusammen und sagte zu ihm in der Autorität des Namens Jesu: „Herr H.", sie missbrauchen den Namen Gottes. Ich bin gläubiger Christ und gestatte es nicht, dass sie in meiner Gegenwart den Namen Gottes lästern und sogar fluchen.

Denn Gott sagt in seinem Wort:
Irret euch nicht, Gott lässt sich nicht spotten.

Das gilt auch ihnen. Er sagte nur: **„Lassen Sie mich in Ruhe, Gott verdamme mich."** In der nächsten Nacht bekam der Kollege einen Herzschlag und starb augenblicklich.

Gott ist ein mächtiger Gott. Gott antwortet manchmal direkt.

52. 1980: Evangelisation in Duisburg, ca. 800 Plakate kleben

Eine Regionalevangelisation wurde mit Bruder Tesch in der Mercatorhalle in Duisburg veranstaltet. Dafür wurden viele Einladungsplakate gedruckt. Acht Tage vorher war eine Landtagswahl in NRW. Deshalb standen in ganz Duisburg in allen Stadtteilen Hunderte Plakatständer. Meine Idee war, diese mit ca. 800 Plakaten zu bekleben. Deshalb fuhr ich in das Polizeipräsidium auf der Düsseldorfer Straße, um eine Genehmigung dafür zu bekommen. **„Das ist leider unmöglich", sagte mir der zuständige Beamte.**

Ich bat um ein Gespräch mit seinem Chef. Dieser war zufällig anwesend, und ich ging unter starkem Gebet und in der Kraft Gottes zu ihm. Er war gar nicht so abgeneigt. Er telefonierte mit einem Beamten, der für das Abräumen der Schilder zuständig war. Dort sollte ich hingehen und alles Weitere mit ihm besprechen.

Dieser Beamte gab mir Straßenpläne mit den Standorten der Plakatständer. Das war ein Wunder für sich. Diese sind streng vertraulich und dürfen normalerweise keinem Fremden zugänglich gemacht werden.

Aus vielen Gemeinden organisierte ich ca. 40 Männer und Frauen, die mit einem Eimer Leim, einem Quast und den Plakaten bewaffnet, zwischen drei und sechs Uhr in der Frühe alle Plakatständer mit unseren Einladungen überklebten.

Im Morgengrauen sind viele fleißige Helfer unterwegs

Auch viele Autos wurden beklebt, um am großen Autokorso teilzunehmen

55

So wurden in drei Stunden hunderte Plakatständer in Duisburg beklebt. In ganz Duisburg konnte man es auf vielen Plakatständern lesen: **„JESUS DER WEG ZU GOTT."**

Über 800 Plakatständer wurden mit Plakaten mit der Aufschrift "Jesus der Weg" beklebt

Viele Geschwister helfen und marschieren mit

56

Ein riesiger Autocorso,
beklebt mit „Jesus der Weg zu Gott"

Das Ganze konnte ich organisieren.
Das ist jetzt fast 40 Jahre her.

53. 1981: Als „grüner Herr" im Krankenhaus

Ich meldete mich im Evangelischen Krankenhaus in Mülheim an, um als „grüner Herr" dort zu helfen. Das sind Personen, die ehrenamtlich im Krankenhaus arbeiten. Da ich am Tag arbeiten musste, machte ich diesen Dienst in der Nacht. Man bekommt ein Funktelefon und wird dann über Funk zu der Station gerufen, wo gerade Hilfe notwendig ist.

Eine Schwester bat mich, in die 10. Etage zu kommen, da dort eine Frau immer schrie: „Hilfe, ich muss sterben." Als ich die Aufzugtüre öffnete, hörte ich diese Frau schon laut rufen: „Hilfe, ich muss sterben." Ich fragte die Schwester, welche Krankheit sie hat. „Krebs im Endstadium", war die Antwort. Ich betete innerlich, dass mich der Heilige Geist jetzt leiten möge, was ich dieser Frau sagen soll.

Da gab mir Gottes Geist folgende Worte in den Mund: „Lassen Sie sich doch fallen in die Arme Gottes. Sagen Sie: Herr Jesus, vergib mir meine Schuld und nimm mich an als dein Kind. Wasche mich rein durch dein Blut." Kaum hatte ich ihr den Rat gegeben, wiederholte die Frau dieses Gebet, ohne dass ich sie darum bat. Als sie Amen gesagt hatte, segnete ich die Frau, und als ich sie gesegnet hatte, fing die Frau an zu sagen: „Danke Jesus, danke Jesus." usw. Viele Male immer wiederholte sie „Danke Jesus." Dann sagte sie: „Jetzt kann ich schlafen." Nach kurzer Zeit war sie tief und fest eingeschlafen.

Die Krankenschwester kam ins Zimmer und fragte: „Was ist denn jetzt passiert? Haben Sie der Frau eine Spritze gegeben?" „Nein", sagte ich: „Sie hat sich eine geistliche Spritze selbst gegeben." „Das müssen Sie mir näher erklären", sagte sie. Daraufhin sprach ich mit der Krankenschwester bis zum frühen Morgen über den Glauben, und dass die größte Kraft der Welt das gläubige Gebet ist.

Gott bestätigte sein Wort - auch in dieser schwierigen Situation.

54. 1982: Auftragsvergabe unter Gebet

Bei meiner neuen Firma musste ich große Öfen zum Schmelzen von Stahl und Nichteisenmetallen mit einer feuerfesten Auskleidung auskleiden und in Betrieb nehmen. Dazu musste ich mit mehreren Firmen verhandeln, die für mich als Unterlieferant arbeiteten. Ich betete ernstlich, dass mir Gott die Weisheit gebe, die richtige Firma auszuwählen. Ich verhandelte mit mehreren Firmen, und einer dieser Vertreter lud mich zum Essen ein. Als das Essen vor mir auf dem Tisch stand, faltete ich meine Hände und betete vor dem Essen.

Der Vertreter mir gegenüber stellte mir dann die Frage, warum ich vor dem Essen bete. Ich erklärte ihm, dass ich als gläubiger Christ immer für das Essen danke und Gott bitte, es zu segnen.

„Das tue ich auch", sagte er, und wir erkannten uns als Gotteskinder. Das war für mich ein klares Zeichen, dass dieses die richtige Firma war. Das hat sich im Nachhinein bestätigt. Mit Bruder Herrmann G. arbeitete ich dann in Zukunft sehr eng zusammen. Er ist heute einer der Ältesten in der BFP-Gemeinde in Tostedt.

55. 1983: Verstopfung in der Anlage

Die Firma von Bruder Herrmann bekam den Auftrag, und die Anlage ging termingerecht in Betrieb. Beim Probebetrieb darf die Temperatur im Ofen nicht fallen, sondern muss stetig steigen. Ich überwachte des Nachts das Anheizen des Ofens.

Auf einmal bemerkte ich, dass die Anzeige der Temperatur auf dem Temperaturschreiber nicht mehr anstieg. Es kam aber keine Fehlermeldung, dass ich die Fehlerquelle hätte lokalisieren können.

Ich fragte mich:
„Was soll ich machen? Wo soll ich suchen? Ich weiß es nicht. Wenn die Temperatur im Ofen jetzt weiter fällt, entsteht ein Schaden von mehreren 100.000 €. Aber ich weiß, dass Gott Gebet erhört." Ich betete und gebot, dass im Namen Jesu die Verstopfung verschwindet und die Temperatur wieder steigen möge. Als ich weiter voller Bangen die Temperatur am Schreiber beobachtete, sah ich, dass die Temperatur wieder anstieg.

Ich rief laut: „Danke, danke, Herr Jesus!"
Ich war wieder um eine Erfahrung reicher.

56. 1983: Magen – Darm – Verstimmung in Thailand

Auch nach Thailand musste ich mehrmals beruflich. Ich sollte dort mehrere Kunden besuchen, und es war bei ca. 40 Grad Celsius sehr heiß. Da ich sehr großen Durst hatte, kaufte ich am Straßenrand eine Flasche Coca-Cola. Ich öffnete sie sofort und trank die Flasche auf der Stelle leer. Ob die Flasche nicht sauber war oder die Cola zu kalt, ich weiß es nicht, aber ich bekam nach einer Stunde eine so starke Magen-Darm-Verstimmung, dass ich nicht weiterarbeiten konnte, und sofort zum Hotel zurückfahren musste.

So ging es den ganzen Abend und die halbe Nacht über weiter. Ich hatte keine Kraft mehr zu gehen, sondern schleppte mich auf allen vieren zur Toilette. Ich betete, aber nichts geschah. Auf einmal sprach Gott zu meinem Herzen: „Was verkündigst du denn immer?" Ich überlegte einen Augenblick und mir wurde sofort klar: Ich verkündige, dass Satans Macht gebrochen ist und wir in Jesu Wunden geheilt sind. Wir können, sollen und dürfen in Jesu Namen die Heilung in Anspruch nehmen.

Das tat ich dann sofort in einem gläubigen Gebet und schlief schnell fest und tief ein.

Als am Morgen um sechs Uhr der Wecker schellte, waren alle Beschwerden verschwunden. Halleluja, unser Herr ist treu!

57. 1983: Magenschlag von einem Buddha

Bei dieser Dienstreise in Thailand hatte ich ein Verkaufsgespräch bei einem Kunden.

In seinem Büro war, wie meistens in diesem Land üblich, ein Hausaltar mit einem Buddha vorhanden. Innerlich sagte ich:
„Was will dieser blöde Götze hier in diesem Raum? Er hat hier nichts zu suchen."

Da bekam ich einen Faustschlag in den Magen, obwohl mich niemand berührt hatte.

Ich war wieder um eine Erfahrung reicher, dass auch dämonische Götzen Macht haben, wenn man nicht im Namen Jesu diesen Mächten gebietet.

58. 1984: Traugotts Unfall mit dem Motorrad

Wir tapezierten unsere Diele im Haus. Beim Tapezieren fragte ich den Herrn innerlich, warum unser Sohn Traugott nicht nach Haus kommt. Er hätte normalerweise schon lange von der Schule zurück sein müssen. „Er ist verunglückt" sagte mir eine innere leise Stimme.

Als eine halbe Stunde später das Telefon schellte, wusste ich bereits, dass sie mir am Telefon sagen würden, dass Traugott mit dem Motorrad verunglückt sei und im Krankenhaus in Oberhausen liege.

59. 1984: Gebetserhörung für Traugotts Bein

Als wir dann gegen Mitternacht ins Krankenhaus fuhren, sagte der Arzt zu mir: „Ihr Sohn hat einen Fußwurzeltrümmerbruch, Oberschenkelbruch etc. Es besteht keine Hoffnung, dass das Bein nicht amputiert werden muss." Ich sagte zu ihm: „Nein und nochmals nein. Wir glauben, dass Gott ein Gott ist, der Wunder tut.

Er wird ihnen große Weisheit bei der Operation geben, weil wir beten."

Die Operation verlief entgegen der Prognose des Arztes äußerst erfolgreich. Immer wieder können wir erfahren, dass Gott Gebet erhört!

60. 1984: Gemeindegebet für Traugott

Als ich nach der Operation zum Krankenhaus fuhr, sagte Traugott: „Papa, ich werde wahnsinnig vor Schmerzen. Bitte betet, betet, betet!" Ich fuhr in die Gebetsstunde, und wir beteten als Geschwister anhaltend und intensiv für ihn.

Nach der Gebetsstunde fuhr ich wieder ins Krankenhaus. Traugott begann mit den Worten: „Papa, warum hört ihr auf zu beten?" Genau von halb acht bis neun Uhr abends verließen ihn die Schmerzen und kamen um neun Uhr abends wieder, als die Gebetsstunde zu Ende war. Als Konsequenz richteten wir dann eine Gebetskette ein, und der Herr half über Bitten und Verstehen.

Auch das Bein wurde nicht abgenommen, weil die Gemeinde weiterhin beharrlich für Traugott betete.

Das Gleiche geschah in Jerusalem, als die erste Christengemeinde in Jerusalem ausdauernd für Petrus betete, während er im Gefängnis eingesperrt war.

Petrus wurde durch einen Engel aus dem Gefängnis befreit.

61. 1984: Überfall in Frankreich im Wohnwagen

Wir fuhren als Familie in der Nacht von Il De Roi in Frankreich mit dem Wohnwagen nach Hause.

Als wir unter einer Brücke hindurchfuhren, warfen Räuber einen Stein in unsere Windschutzscheibe. Sie versuchten, uns anzuhalten, um uns auszurauben. Unser Sohn fuhr den Wagen, und ich hatte mich ein wenig schlafen gelegt. Als der Stein so gegen die Windschutzscheibe knallte, sagte ich: „Herr, was soll ich tun?" Eine innere Stimme sagte mir, wir sollten weiterfahren trotz der zerborstenen Scheibe. Mit dieser kaputten Scheibe fuhren wir weiter, bis es hell wurde und wir an einer Tankstelle halten konnten.

Gott hatte uns vor schlimmeren Schäden bewahrt.
Danke, Herr Jesus, du bist treu!

62. 1986: Bewahrung vor Magenbeschwerden im Irak

Mehrmals musste ich beruflich in den Irak reisen. Die hygienischen Verhältnisse sind dort sehr mangelhaft. In der Kantine trinken viele Menschen aus ein und demselben Glas Wasser. Auch Salate etc. werden nicht gewaschen. Viele Europäer, die ebenfalls dort arbeiteten, bekamen große Magen- und Darmbeschwerden.

Ich wurde gefragt, warum ich keine Magenbeschwerden bekäme? Darauf sagte ich: „Habt ihr nicht bemerkt, was ich vor dem Essen mache?" „Ja, du faltest deine Hände und betest", sagten sie. „Genau das ist das Geheimnis, dass ich nicht krank werde, weil ich die Speise segne", sagte ich.

So kann man auch ein Zeugnis sein durch ein stummes Gebet.

63. 1987: Im Irak bedrohten mich fünf Soldaten mit Verhaftung

Dann musste ich wieder in den Irak reisen, um dort in einer Militärfabrik einige Öfen zu reparieren. An einem Freitag, an dem dort, wie bei uns am Sonntag nicht gearbeitet wird, wollte ich mir Bagdad ansehen. Ich ging zu Fuß in Richtung der Stadt, die ich von weitem sah. Da die Straße in eine andere Richtung verlief, ging ich auf einen kleinen Fußweg immer in die richtige Richtung zur Stadt. Dieser führte an einer Kaserne vorbei. Am Kasernentor begrüßte ich noch den wachhabenden Soldaten mit: „Salem aleikum", das heißt, „Friede sei mit dir."

Kurze Zeit später überholte mich ein Jeep und hielt mit quietschenden Bremsen vor mir. Heraus sprangen 5 Soldaten. Alle fünf richteten ihre Maschinenpistolen auf mich, einer an die rechte Seite, einer an die linke Seite, einer von vorne, einer von hinten und einer unter die Nase. Sie behaupteten, ich hätte Aufnahmen von der Kaserne gemacht. Das war absolut eine Lüge. Ich schrie innerlich: „Herr Jesus hilf mir! Was soll ich tun? Ich weiß, wenn jemand im Irak eingesperrt wird, ist er für lange Zeit verschwunden." Den rettenden Gedanken gab mir der Herr Jesus ein. „Ich arbeite für Mr. Samanudi", sagte ich.

Sie wollten es nicht glauben, denn das war ihr oberster Boss, der Kriegsminister. Doch ich zeigte ihnen meinen Pass, in dem Mr. Samanudi mein Visum unterschrieben hatte.

Das war der rettende Gedanke. Sofort ließen sie mich los und entschuldigten sich. Der Name Samanudi war das Geheimnis. Ich war frei.

Genauso macht der Name Jesu auch einen jeden frei, der an ihn glaubt.

64. 1987: Alarm am Induktionsofen 6

Ich wurde zum zweiten Mal in den Irak beordert, weil wir angeblich die beste Feuerfestmasse hatten, die es auf dem Markt gab. Meine Firma produzierte sie und sie wurde nur durch uns in den Schmelzofen eingebracht.
Für dieses Einbringen flog ich wieder in den Irak. Ich arbeitete sehr sorgfältig, um diesem Anspruch gerecht zu werden. Dann hörte ich mitten in der Nacht die Alarmglocke, d.h. an dem Ofen 6 entstand eine Störung.

Für mich war es unvorstellbar, dass ich einen Fehler gemacht haben konnte. Ich fragte innerlich: Gott, warum?" Gott sagte mir innerlich, das geschieht, um größeren Schaden zu verhüten. Ich stellte fest, dass das Isolationsmaterial, welches der Kunde beigestellt hatte, fehlerhaft war. Es wurde Isoliermaterial in Deutschland bestellt und dadruch Menschenschaden verhindert.

Wenn es an uns bzw. an meiner Arbeit gelegen hätte, wäre ich mit Sicherheit festgenommen worden. So bewahrte mich Gott davor.

65. 1987: Herzbeschwerden

Da ich in vielfacher Weise Gottes Eingreifen bei Krankheiten erlebt habe, glaube ich, dass wir ihn überall und allezeit bitten dürfen. Wir können erwarten, dass Gott eingreift. Ich ging über die Straße, als ich auf einmal gewaltige Stiche in meinem Brustkorb spürte. Ich konnte nicht mehr weitergehen und rang nach Luft. Ich musste mich auf den Bürgersteig setzen, weil ich keine Luft mehr bekam und nicht mehr gehen konnte.

Im Namen Jesu betete ich und gebot, dass die Krankheit weicht.

Nach fünf Minuten war ich ohne Schmerzen. Halleluja! Immer wieder neu darf man Gottes Hilfen erfahren.

66. 1988: Gebet um Heilung: Meine Migräne

Ich hatte eine Krankheit von meiner Mutter und Großmutter geerbt. Es war eine Migräne, die mich von Zeit zu Zeit überfiel. Wieder einmal war es, dass ein Migräneanfall mich überkam. Mein Kopf dröhnte, meine Augen tränten, und ich wollte eigentlich nur in einem dunklen Raum schlafen.

Ich kam in diesem Zustand in die Gemeinde, und der Älteste der Gemeinde sah mich und fragte, was mit mir los sei. Ich erzählte ihm von meinen Schmerzen und bat ihn, mit mir zu beten. Er betete und gebot im Namen Jesu, dass diese Erbkrankheit von mir genommen wird und nicht mehr wiederkommen darf.

Die Symptome verschwanden augenblicklich und sind, dem Herrn Jesus sei Lob und Dank, nie mehr wiedergekommen. Wieder ein Beweis der Güte und Gnade Gottes.

67. 1988: Mein Leistenbruch: Timing Gottes

Ich hatte einen Leistenbruch, bekam aber keinen Termin, um den Leistenbruch operieren zu lassen. Nach drei Wochen bekam ich endlich einen Termin für die Operation in den Städtischen Kliniken in Duisburg. Ich lag mit einem Mann im Zimmer zusammen, der Speiseröhrenkrebs hatte. Er hieß Georg M., und wir lernten uns schnell gut kennen. Ich war nach drei Tagen relativ fit, und er sollte operiert werden.

Ich erzählte ihm, dass der Herr Jesus mein Herr und Heiland ist und ich keine Angst vor dem Tod habe. Er sagte: „Das will ich auch vor meiner Operation haben." Wir knieten daraufhin gemeinsam an seinem Bett, und er betete und übergab sein ganzes Leben dem Herrn Jesus Christus. Als er dann operiert wurde, stellten die Ärzte fest, dass er inoperabel war. Diese Nachricht fasste er ganz gelassen auf.

„Was soll's", sagte er zu mir daraufhin: „Ich hab doch jetzt ewiges Leben." Seine Frau sagte mir, als er nach Hause gekommen war, dass sie jetzt einen ganz anderen Mann bekommen hätte. Kurz darauf ging er selig heim.

Wenn sich mein Operationstermin nicht um drei Wochen verzögert hätte, würde ich ihn nie kennengelernt haben.
Das ist Timing Gottes!

68. 1989: Fahrt trotz dichtem Schneetreiben

Mit Horst Ziert fuhr ich im Winter zu einem Predigtdienst nach Süddeutschland. Wir fuhren zwischen Heidenheim und Ulm auf einer Landstraße, die nur eine Fahrspur hatte.

Rechts und links lag der Schnee meterhoch. „Wenn jetzt jemand uns entgegenkommt, sind wir verloren", sagte ich zu meinem Mitfahrer.

Wir beteten gemeinsam um Bewahrung. Da sahen wir von Ferne ein Fahrzeug mit hoher Geschwindigkeit näherkommen. „Herr Jesus hilf", riefen wir beide. Als das entgegenkommende Fahrzeug unmittelbar vor uns ankam, sah ich rechts eine Lücke und konnte darin ausweichen. Wäre diese nicht gewesen, hätte es unweigerlich einen Zusammenstoß gegeben.

Wir durften wieder erleben,
dass unser Herr in wunderbarer Weise Gebet erhört!

69. 1989: Im Altersheim: Mit Emma H. das „Vaterunser" gebetet

Ich besuchte unsere Schwester Emma H. im Altersheim. Bevor ich bei Besuchsende ging, sagte ich zu ihr: „Lass uns noch das Vaterunser beten." Als sie an die Stelle kam, wo es heißt: „Vergib uns unsere Schuld, wie wir vergeben denen, die an uns schuldig geworden sind", sagte ich: „Stopp Emma, deine Schuld wird nicht vergeben." „Warum das denn?", fragte sie. „Du hast doch immer gesagt: Gott vergibt alles". Ich entgegnete, „Ja, das tut er auch, aber nur, wenn wir vergeben. Was ist mit dem Mann, der dich verlassen hat, als du 20 Jahre alt warst? Du sagtest öfter: Ich kann ihm nicht vergeben, er hat mir zu viel angetan".

Ich erwiderte: „Emma dann bete so: Herr Jesus, ich kann es nicht, aber jetzt hilf du mir bitte, dass ich vergeben kann. Sende bitte jetzt deinen Geist, dass ich dazu in der Lage bin." Auf einmal ruft sie ganz laut: „Ich kann! Danke Jesus, ich habe jetzt vergeben."

Daraufhin habe ich sie gesegnet, und nach kurzer Zeit ist sie in Frieden entschlafen.

70. 1989: Die Sterbende hinter einer spanischen Wand

Im gleichen Zimmer lag hinter einer spanischen Wand eine Frau. Sie hatte mit Sicherheit alles mit angehört, was ich der Schwester Emma gesagt hatte. Ich ging zu ihr und hörte sie röcheln. Ich erkannte sofort, dass sie im Sterben lag. Weil ich gerade unserer Schwester Emma den Weg mit dem Herrn Jesus genau erklärt und diese Frau wahrscheinlich alles mitgehört hatte, stellte ich ihr die Frage:

„Möchten Sie Jesus Christus als Ihren persönlichen Herrn und Heiland annehmen?" Darauf röchelte sie: „Ja-ha, Ja-ha, Ja-ha."

Danach segnete ich die Frau, und als ich das tat, fiel ihr Kopf zur Seite. Sie machte den letzten Atemzug und war in der Ewigkeit bei dem Herrn Jesus Christus. Es war praktisch Gnade in letzter Sekunde. Für mich ein unvergessener Augenblick.
Gottes Gnade ist grenzenlos!

71. 1990: Im Auto: Massenkarambolage am Spaghetti-Knoten

Am Autobahnkreuz in Duisburg, genannt „Spaghetti-Knoten", kam es zu einer Massenkarambolage. Ich kam von einer Dienstreise zurück und sah, dass viele Autos vor mir krachend ineinander fuhren.
Ich schrie nur: „Bitte, Herr Jesus, übernimm du das Steuer."

Der Wagen ging nach rechts, nach links und wieder auf den Mittelfahrstreifen. Wie durch ein Wunder bin ich durch diese Autoschlange gefahren, ohne irgendwo anzustoßen.

Aber es war nicht meine Weisheit. Der Herr Jesus hat meine Bitte erhört und das Steuer übernommen.

Unserem Gott sei allein dafür alle Ehre!

72. 1991: Verlegte Autopapiere und Autoschlüssel

Ich musste zu einer dringenden Besprechung. Aber ich konnte nicht fahren, weil ich meine Autopapiere und die Autoschlüssel nicht fand.

Alle Taschen, Hosen, Jacken und Schubladen durchsuchte ich, aber die Schlüssel fand ich nicht. Bald gab es keinen Aufschub mehr. Da kniete ich nieder und bat den Herrn Jesus inständig, mir zu zeigen, wo die Schlüssel liegen. Eine leise Stimme in meinem Inneren sagte: **„Schau was unter der Fußmatte liegt."** Ich hob die Fußmatte hoch und fand die Schlüssel und die Papiere.

Es ist wunderbar, dass unser Herr die kleinsten Dinge kennt und Gebet erhört. Man kann nur danken für einen so wunderbaren Gott!

73. 1991: Ausgerissenen Anhalter mitgenommen

Ich hatte einen Predigtdienst in Köln. Auf der Rückfahrt nach Hause bekam ich einen inneren Impuls, nicht die Autobahn, sondern die Landstraße zu benutzen.

Als ich in Leverkusen die Landstraße verließ und wieder auf die Autobahn A3 auffahren wollte, stand dort ein junger Mann in Anhaltermanier. Ich hielt an, und er fragte, ob er mitfahren könnte in Richtung Niederland. Ich bejahte und er stieg ein. Ganz gegen meine Gewohnheit schaltete ich das Radio ein. Der Evangeliums-Rundfunk war eingestellt und aus den Lautsprechern kamen die Worte: **„Du hast die Schnauze voll und bist von zu Hause ausgerissen.**

Du bist auf der Flucht vor Gott, aber Gott sieht dich und liebt dich. Darum sagt er dir jetzt: ‚Kehre um', zu Hause sorgt sich eine Mutter fast zu Tode."

Der junge Mann fragte ganz erstaunt, woher der Radiosprecher weiß, dass er von zu Hause ausgerissen sei.

Ich erklärte ihm, dass der lebendige Gott ihn sieht und ich ihn nie getroffen hätte, wenn ich nicht dem inneren Impuls Gottes gefolgt wäre und die Landstraße benutzt hätte.

Wir fuhren auf einen Parkplatz, hatten ein langes geistliches Gespräch, beteten miteinander, und der junge Mann versprach, sofort wieder nach Hause zu fahren.

Fazit:
Wenn wir auf Gottes Stimme hören, kann Gott uns gebrauchen!

74. 1993: Beim Krankenbesuch gestürzt: Das ganze Gesicht zerfetzt

Ich besuchte eine Schwester unserer Gemeinde im Krankenhaus, die eine Virusinfektion hatte und dadurch nicht mehr reden konnte.

Nachdem ich ihr ein Bibelwort gesagt und mit ihr gebetet hatte, verließ ich die Klinik. Im Außenbereich wurde gebaut, und der Bürgersteig war aufgerissen und mit Stahlplatten abgedeckt. Es hatte vorher stark geregnet und deshalb waren die Platten spiegelglatt. Ich rutschte aus und konnte mich nicht richtig abstützen und fiel komplett auf mein Gesicht. Dabei brach die Nase, und am gesamten Gesicht waren viele Platzwunden. In demselben Krankenhaus wurde ich vom Notarzt behandelt, und der Krankenwagen brachte mich nach Hause.

Ich sah aus wie buchstäblich unter die Räuber gefallen und hatte höllische Schmerzen.

In dieser Not rief ich meinen Glaubensbruder Walter an mit der Bitte, mit mir zu beten. Er kam auch umgehend und betete mit mir gemäß Jak. 5,13.

Dort steht: „Ist jemand krank, der rufe die Ältesten der Gemeinde. Die sollen ihm die Hände auflegen, ihn mit Öl salben und das gläubige Gebet wird den Kranken aufrichten." Man hatte mir gesagt, dass ich mindestens einige Wochen außer Gefecht gesetzt bin.

Aber das Wunder geschah, dass ich nach zwei Tagen schon zu einem Gottesdienst nach Düsseldorf mit dem Auto fahren konnte. Halleluja, Gott ist ein Gott, der Wunder tut!

75. 1993: Der Arzt stellte Verdacht Gehirnhautentzündung fest

Unsere jüngste Tochter kam in Tränen aufgelöst zu uns und sagte, dass der Arzt bei ihrer fünfmonatigen alten Tochter Lena Verdacht auf Hirnhautentzündung festgestellt hatte.

Wir wissen und haben erfahren, dass unserem Herrn nichts unmöglich ist. Deshalb legten wir unserer Lena sofort gemeinsam die Hände auf und beteten inständig das Gebet des Glaubens mit ihr. Nach einer erneuten Untersuchung wurde nichts mehr festgestellt.

Halleluja, unser Herr ist treu. Er hat wieder unser Gebet erhört!

76. 1997: Papa auf dem Sterbebett

Mein Schwiegervater lag im Sterben und hatte hohes Fieber. Wir hatten uns abgesprochen, dass wir als Angehörige bis zu seinem Ableben bei ihm bleiben. Ich hatte den Nachtdienst übernommen. Ich betete, dass das Fieber weichen sollte, aber nichts geschah. Er stöhnte nur immer sehr laut, war schweißgebadet, konnte aber nicht mehr sprechen. Ich erkannte, dass Dinge in seinem Leben noch nicht vergeben waren.

Deshalb bat ich an seiner Stelle fürbittend für ihn, dass der Herr Jesus jetzt Vergebung für alle sexuellen Sünden, für allen Hass, für alle bewussten und unbewussten Sünden gibt, und sein Blut ihn jetzt total von allen Gebundenheiten reinwäscht.

Ich betete weiter, dass der Herr Jesus ihn jetzt aufnimmt in sein Reich und ihm das weiße Kleid der Gerechtigkeit schenkt.

Als ich Amen gesagt hatte, hörte er auf zu stöhnen und das Fieber verschwand schlagartig. Einige Stunden später starb mein Schwiegervater und ging ganz friedlich heim zu seinem himmlischen Vater.

77. 2000: Gebet des kleinen Jonathan für mich in Borghorst

Meine Frau und ich passten auf unsere fünf Enkelkinder in Borghorst bei Münster/Westfalen auf, weil unsere Kinder Ulla und Peter Urlaub machten.

Ich hatte Brechdurchfall und fühlte mich hundeelend. Alle paar Minuten musste ich zur Toilette. Als ich so still und erschöpft auf einem Stuhl im Garten saß, kam mein dreijähriger Enkel Jonathan und fragte: „Opa, geht es dir nicht gut?" Ich sagte: „Jonathan, es geht mir sauelend." „Sollen wir miteinander beten?", fragte er. „Gerne", antwortete ich. Da legte er seine kleine Hand auf meinen Kopf und betete: „Lieber Heiland, ich danke dir, dass du den Opa jetzt ganz gesund gemacht hast." „Komm Opa, wir spielen."

Und was geschah? Von einer Sekunde zur anderen waren alle Symptome der Krankheit verschwunden. Der Brechreiz hörte auf, und ich brauchte nicht mehr alle Augenblicke zur Toilette gehen. Ich konnte sofort mit ihm Fußball spielen. Der Glaube dieses Kindes war stärker als mein Glaube.

Gott hatte mir wieder eine Lektion erteilt:
„Wenn ihr nicht werdet wie die Kinder."
So gläubig vertrauen muss man lernen.

78. 2000-2003: Kauf unseres Gemeindesaales

Wir wurden von unserem Vermieter gekündigt, weil er das Haus, in dem unser Gemeindesaal untergebracht war, abreißen und ein neues bauen wollte. Die ganze Gemeinde betete inständig um Wegweisung in dieser Angelegenheit.

Die evangelische Kirchengemeinde wollte ihre Notkirche für ca. 800.000 DM verkaufen und sprach mich darauf an, dass sie gehört hätten, dass wir einen anderen Saal suchen. Die Preisvorstellung überstieg unsere Verhältnisse und ich lehnte den Kauf dieses Objektes ab. Es vergingen etwa zwei Jahre und der Abriss des Hauses stand unmittelbar bevor. Das Gebäude der Kirchengemeinde stand immer noch zum Verkauf. Inzwischen waren allerlei Interessenten für das Haus dagewesen.

Sogar ein ausländischer Interessent kam mit einem Koffer voll Bargeld. Doch das lehnte die Kirchengemeinde ab.

Wir als Gemeinde beteten in diesen Tagen weiterhin intensiv für dieses Problem. Dann wurden diverse Verhandlungen mit der Kirchengemeinde und anderen Erben geführt. Nach zähen Verhandlungen schlossen wir einen Kaufvertrag für das Gebäude zu einem Preis von 150.000 € ab. Dann konnten wir umfangreiche Renovierungen durchführen und hatten ein neues Zuhause.
Heute sind wir hier: www.ecclesia-duisburg.de

Die ganze Gemeinde dankte Gott, dass wir nicht heimatlos wurden.

79. 2003: 10 Meter Sturz vom Dach der Gemeinde

Am 15. Oktober 2003 säuberte ich mit einigen Brüdern der Gemeinde Duisburg das Flachdach unseres Gemeindehauses von Laub und Dreck. Von einer Platane ragte ein Ast von ca. 5 cm Durchmesser bis auf das Flachdach des Gemeindehauses. Ich stieg auf eine Treppenleiter, um den Ast abzusägen. Beim Sägen brach der Ast ab, warf die Leiter um, und ich fiel ca. 10 m tief vom Dach bis auf den Erdboden.

Von dem Fall und dem Aufprall spürte ich nichts. Ich kann es mir nur so erklären, dass Engelhände mich auffingen. Bewusstlos wurde ich per Krankenwagen in die Klinik gefahren.

Man stellte folgende Brüche fest:
1. Wirbelsäule gebrochen; 2. Halswirbelsäule gebrochen (Genick);
3. Serien-Rippenbrüche 5-8; 4. Lendenwirbel gebrochen;
5. rechte Schulter gebrochen.
Durch die gebrochenen Rippen wurden beiderseitig die Lungen beschädigt. Blut drang in den Brustraum und eine Thorax-Drainage war beidseitig erforderlich, um das Blut abzusaugen.

Am 19. Okt. kam Bruder F. aus Österreich mit zwei Brüdern aus Schwelm auf die Intensivstation, um mit mir das Glaubensgebet nach Jak. 5 zu beten. Während des Gebetes spürte ich ein mehrfaches Knacken in meiner Brust.

Am nächsten Tag kam der Oberarzt ganz aufgeregt an mein Bett und sagte mir, dass etwas Außergewöhnliches passiert wäre.

Die neueste Röntgenaufnahme zeige zusammengewachsene Rippen und eine geheilte Schulter. Die inneren Blutungen hörten auf.

76

Darauf erzählte ich von dem Gebet der Brüder. Er murmelte etwas Unverständliches und verschwand.

Die nächste Operation an der Halswirbelsäule war noch komplizierter als die an der Wirbelsäule. Der operierende Oberarzt sagte mir, dass dabei ein Schnitt vorne am Hals gemacht würde und Luftröhre, Speiseröhre und Schilddrüse beiseitegeschoben werden müssten. Mittels einer Bohrmaschine würden dann von vorne die Halswirbel miteinander durch Schrauben befestigt.
Auf meine Frage:
„Und wenn Sie schief bohren, was dann?", antwortete er:
„Eine totale Querschnittslähmung oder Tod würden die Folge sein."

Ich gab dem Arzt ein Zeugnis, dass ich als gläubiger Christ keine Angst vor dem Tod hätte, weil ich wüsste, wohin ich gehe. Aber, dass mein Gebet und auch das vieler anderer für ihn zu Gott geht, damit seine Hände sicher geführt würden. Dafür bedankte er sich ganz herzlich. Die Gebete hat Gott wunderbar erhört.

Vielen Ärzten, Therapeuten, Patienten, Pflegern und Krankenschwestern durfte ich damals ein Zeugnis sein, dass wir einen Gott haben, der Wunder tut und Gebet erhört.

Zwei Monate war ich in der Reha und es ging mir, dem Herrn sei Dank, den Umständen nach unverhältnismäßig gut. Ich darf inzwischen wieder das Wort Gottes verkündigen und ich glaube, dass durch diesen Unfall viele Menschen erfahren haben, dass es einen Gott gibt, der Wunder tut.

Die zurückliegende Zeit hat mich besonders drei Dinge gelehrt:

1. **Dass wir mehr füreinander beten und glauben müssen, dass der Herr unsere Gebete hört und erhört.**

77

2. Von seinen Wundern zu berichten, dass wir einen Gott haben, der Wunder tut.

3. Dass wir lernen müssen, dankbarer zu sein auch für die alltäglichen Dinge unseres Lebens.

80. 2003: Frau mit Schädelverletzung auf der Intensivstation

Eine Frau lag auf der Intensivstation im Nebenbett. Wir waren nur durch eine spanische Wand getrennt, so dass ich sie nicht sehen konnte. Sie war beim Turnen auf den Kopf gefallen und verlor jetzt immer das Bewusstsein.

Als sie wieder einmal das Bewusstsein verlor, schlug die Krankenschwester mehrmals gegen ihre Wange und sagte immer wieder: „Hallo, hören Sie mich, hallo, hören Sie mich?" Aber die Frau hörte nichts. Die Schwester lief aus dem Zimmer, um einen Arzt zu hohlen. Ich fragte innerlich den Herrn, was ich machen sollte. „Bete für sie", sagte mir der Herr. Ich betete laut, etwas so: „Herr Jesus, du siehst jetzt diese Frau, die das Bewusstsein verloren hat. Aber du bist der Herr über Leben und Tod und ich danke dir, dass sie jetzt wieder sofort das Bewusstsein erlangt. Ich bete dieses in Jesu Namen. Amen."

Nach ein paar Minuten kommt der Arzt ins Zimmer gelaufen und sagt: „Ist ja alles wieder gut, wie kommt es, dass Sie wieder bei Bewusstsein sind?" Die Frau antwortet: „Herr Doktor, ich hörte auf einmal die Stimme eines Mannes, der im Nebenbett liegt. Der betete zu Jesus für mich, und da kam ich wieder zu mir."

„Solche Patienten sind prima, da könnten wir noch mehr von gebrauchen", war seine Antwort.

Gott gebraucht uns, dass wir helfen, und er erhört immer wieder ein gläubiges Gebet.

81. 2003: Gebet mit einem Mann auf der Intensivstation

Neben mir auf der Intensivstation lag ein Mann mit großen Schmerzen im Magen. Er stöhnte laut unter den wahnsinnigen Schmerzen. Ich glaube, er hatte Darmkrebs.

Ich sagte zu ihm: „Darf ich für sie beten?". „Gerne", sagte er.

Obwohl ich selber starke Schmerzen hatte, bat ich den Herrn Jesus, dass er die Schmerzen augenblicklich von diesem Mann nehmen möge und gebot dem Schmerzgeist, in Jesu Namen zu verschwinden.

Da sagte der Mann: „Was ist das denn? Die Schmerzen sind nur noch ganz gering." „Danke, Jesus", rief ich. „Wollen Sie diesem großen Gott, der Sie gerade berührt hat, ihr Leben anvertrauen?", fragte ich den Mann? „Ja, das will ich", antwortete er. Er betete um Vergebung seiner Schuld und bat Jesus, dass er ab heute der Führer seines Lebens sein möge.

Gott wirkt auf vielfache Weise und gebraucht uns als seine Diener.

82. 2004: Patientin in den Städtischen Kliniken, die laut schrie

Ich musste wieder ins Krankenhaus, um die Platten und Schrauben aus meiner Wirbelsäule entfernen zu lassen. Nach der Operation lag ich des Nachts in meinem Bett und konnte nicht schlafen. Es war ca. zwei Uhr und eine Frau in dem Nebenzimmer schrie immer „Mutter, hol mich hier raus!"

Als ich die Nachtschwester bat, der Frau doch eine Tablette zu Beruhigung zu geben und mal zu ihr zu gehen, sagte sie: „Das hat keinen Zweck, gehen Sie doch rein." Diese Schwester, eine Muslimin, bat mich, in das Krankenzimmer zu gehen.

Ich ging dort hinein und sah zu meinem Erstaunen, dass es ein Abstellraum war. Die Frau hatte nur ein Bein und war ganz hilflos.

Als ich die Türe öffnete, rief die Frau: „Danke junger Mann, dass Sie mich jetzt hier rausholen." Ich erklärte ihr, dass ich Seelsorger sei und gerne mit ihr beten möchte.

„Danke", sage sie und ich betete, dass sie jetzt ganz schnell und sanft einschlafen solle und morgen erquickt und ohne Schmerzen aufwachen würde. Beruhigt schloss die Frau die Augen und schlief tief und fest ein.

Die Nachtschwester fragte, was ich gemacht hätte, damit die Frau jetzt auf einmal ganz ruhig sei. Ich berichtete ihr von dem Gebet und dass Gott Gebete erhört.

83. 2007: Mit hohem Fieber im Bett

Ich lag schon drei Tage im Bett und mir ging es hundeelend. Alle halbe Stunde musste ich zur Toilette. Erbrechen, Schwindel, Fieber und des Nachts musste ich dreimal die Wäsche wechseln, weil ich total durchgeschwitzt war. Meine Frau fuhr zur Gebetsstunde in die Gemeinde. Ich dämmerte so im Bett vor mich hin.

Plötzlich ging ein heißer Strom durch meinen Körper und alle Symptome wie Erbrechen, Schwindel, Durchfall und Fieber verschwanden von jetzt auf gleich. Was war geschehen?

Die Gemeinde betete inständig für mich und der treue Herr erhörte das inständige Gebet der Geschwister. Wie bei Petrus im Gefängnis in Apg. 12, 5-11.

84. 2008: Rosi F. mit Lungenkrebs im Hospiz in Huckingen

Eine Schwester aus unserer Gemeinde lag seit einigen Wochen im Hospiz mit Lungenkrebs.

Die Ärzte hatten ihr eigentlich nur noch eine Woche Lebenszeit gegeben, aber es vergingen mehrere Wochen und sie starb nicht. Meine Frau und ich besuchten sie mehrere Male im Hospiz.

Eines Nachts gegen drei Uhr wurde ich durch Gottes Geist geweckt und bekam einen klaren Auftrag, sofort ins Hospiz zu fahren. Durch mehrere negative Erfahrungen wusste ich, dass man sofort gehorchen muss, wenn Gott einem einen Auftrag gibt. Also fuhr ich sofort ins Hospiz.

Als ich dort ankam, sagte mir die Nachtschwester, die mich durch die Besuche gut kannte: „Frau F. kann nicht sterben, es muss etwas geschehen."

Ich bat die Nachtschwester, mit in ihr Zimmer zu kommen. Sie konnte nicht mehr sprechen, nahm uns aber wahr. Ich betete an ihrer Stelle fürbittend für sie, dass der Herr Jesus jetzt Vergebung für alle sexuellen Sünden in ihrem Leben geben möge, sein Blut sie jetzt von allen Gebundenheiten löse und allen Hass aus ihrem Herzen wegnehme.

Ich betete weiter, dass der Herr Jesus jetzt sie aufnehme in sein Reich und ihr das weiße Kleid der Gerechtigkeit schenke in Jesu Namen.

Als ich Amen gesagt hatte, stellte ich die Frage, ob sie jetzt weiß, dass der Herr Jesus alles vergeben hat? Sie nickte viele Male mit dem Kopf und haucht JA. Zwei Stunden später ist sie ganz sanft und still eingeschlafen, um bei Jesus zu sein.

Auch das ist eine wunderbare Erfahrung, dass Gott Schuld auch auf dem Sterbebett vergibt, selbst wenn man nicht mehr sprechen kann.

85. 2009: Erfahrungen am Sterbebett meiner Schwiegermutter

Meine Schwiegermutter war eine gläubige Christin, die viele schwere Situationen in ihrem Leben durchgemacht hatte. Ich habe berichtet, wie sie schon einmal auf der anderen Seite im Himmel war, und die Ärzte um ihr Leben rangen.

Nun war sie alt und lebenssatt und hatte nur einen Wunsch, nach Hause in die himmlische Heimat zu gehen. Als der Arzt sagte, dass es nicht mehr lange dauern würde, verabredeten wir, dass meine Frau, mein Schwager und ich uns abwechseln und bei ihr bleiben würden, bis sie entschlafen sei. So geschah es auch.

Ich war in der Nacht an der Reihe. Ich sang leise Chorusse und sagte Bibelworte. Leise sang ich das Lied: „Meine Heimat ist dort in der Höh´". Obwohl sie seit Stunden kein Lebenszeichen mehr von sich gegeben hatte, hob sie plötzlich ihre Hand, zeigte nach oben und sagte klar und deutlich: „In der Höh´".

Dann sang ich leise den Chorus „Halleluja, Halleluja". Da richtete sie sich etwas auf und sagte deutlich: „Halleluja" und ihr Kopf sank zur Seite und ihr Geist hatte den Körper verlassen.

Es ist ein wunderbares Erlebnis, wenn man dabei sein darf, wenn Menschen sterben, die eine lebendige Beziehung zu Jesus haben.

86. 2009: Milosch H. auf der Krebsstation in Freiburg

Auf Seite 36 habe ich geschrieben, wie Milosch H. (ein Tscheche) wieder zum Leben zurückkam. Wir verloren uns aus den Augen, weil er bei einer anderen Firma anfing.

Ich versuchte, im Internet zu recherchieren, wo er jetzt wohnt, konnte aber keine Verbindung mit ihm bekommen.
Aber eine Mail sandte ich an seine Mailbox. Nach zwei Jahren bekam ich einen Anruf und Milosch war am Telefon.

„Georg", sagte er: „Die Ärzte haben mir noch 14 Tage Lebenszeit gegeben. Ich bin in Freiburg in der Uniklinik und ich habe Krebs im Endstadium." „Milosch,", so sagte ich, „ich komme morgen mit dem ICE nach Freiburg."

Das tat ich und besuchte ihn dort im Krankenhaus. „Heute ist für mich ein Tag wie Weihnachten", sagte er und freute sich wie ein Kind. Ich sagte ernst: „Jetzt muss das Wichtige geschehen, dass du vor 43 Jahre im Waldhotel in Ludwigshafen gesagt hast." „Ja ich weiß", sagte er, „gibt es für mich noch mal Gnade?" Dann betete er das Gebet des Sünders und nahm Jesu Blut in Anspruch und dankte, dass Jesus nun alles vergeben hatte. Sein Sohn und seine Mutter waren überglücklich, dass er jetzt Ruhe gefunden hatte.

Mit seiner Mutter hatte ich ein Gespräch bis weit nach Mitternacht. Auch sie nahm Jesus als ihren Herrn und Heiland an. 14 Tage später durfte Milosch für immer seine Augen schießen, um Jesus zu schauen.

Gott ist ein Gott, der auch in letzter Stunde Gnade schenkt, wenn ein Mensch aufrichtig um Vergebung bittet.

87. 2011: Während einer Missionsreise: In Kamerun für Säugling gebetet

Mit Missionar Peter Schneider fuhr ich vier Wochen lang durch Kamerun. Wir fuhren von Maroua im hohen Norden über Garua, Nagaoundere, Bertua, Douala bis Ebolowa im äußersten Süden.

Ca. 4.500 km legten wir zurück. In Yaoundé, der Hauptstadt, hat Peter Schneider (www.liebe-in-aktion.org) ein Hospital errichtet, wo Gott in wunderbarer Weise sein Wort bestätigt.

84

Mit dem Leiter der „Full Gospel Mission" ging ich von Krankenzimmer zu Krankenzimmer. Viele Kranke baten um Gebet. Eine Frau
hatte ein Mädchen geboren, welches seit Wochen keine Nahrung
aufnehmen konnte. Man hatte die Hoffnung aufgegeben und sie für
den bevorstehenden Tod vorbereitet.

Als wir mit dem Säugling beteten, geboten wir dem Todesgeist zu
weichen. Wir segneten die Kleine und glaubten, dass der Herr Jesus
dieser Mutter ihr Kind am Leben erhalten würde.

Wir mussten uns auf die Reise begeben, um zur nächsten Stadt zu
fahren. Als wir wiederkamen, sagte man uns, dass seit dem
folgenden Morgen das Mädchen Nahrung zu sich nähme, die
Nahrung im Magen behielte und von Tag zu Tag zunähme.

**Die vielen Gebetserhörungen stärken den Glauben, und geben Mut
auch für menschlich, hoffnungslose Fälle zu beten.**

2011: Kamerun: Gebet für einen Aidskranken

Dort wurde immer wieder der Glaube auf eine harte Probe gestellt.
Am Abend nach einem Aufruf zur Entscheidung sagte ein junger
Mann zu mir: „Pastor, pray with me, I have AIDS" *(„Pastor, bete mit
mir, ich habe AIDS")*. Natürlich habe ich mit ihm gebetet, dass er sein
Leben dem Herrn Jesus übergeben soll.

Der tödlichen Immunkrankheit gebot ich im Namen Jesu zu weichen.
Vor einiger Zeit wurde Peter Schneider ein gleicher Fall vom Arzt
bestätigt, dass ein Aidskranker geheilt wurde.

Gott ist, und bleibt, ein Gott der Wunder tut!

88. 2011: Missionsreise Kamerun, Bewahrung in gefährlichen Situationen

Bei den Fahrten in den hohen Norden waren zeitweise keine Straßen vorhanden. Der Wagen drohte manchmal umzukippen, aber unser Herr bewahrte uns.

Die Straßen, die keine Straßen waren

Einmal konnten wir das Gebläse für die Heizung nicht abstellen. Wir mussten mit offenen Scheiben fahren, um nicht zu ersticken.

Durch die vor uns fahrenden LKWs kam so viel roter Staub in das Führerhaus, dass wir kaum mehr atmen konnten, und aussahen wie in rote Farbe getaucht.

In wie viel Not hat nicht der gnädige Gott über uns Flügel gebreitet.

89. 2013: Absturz mit dem Gleitschirm

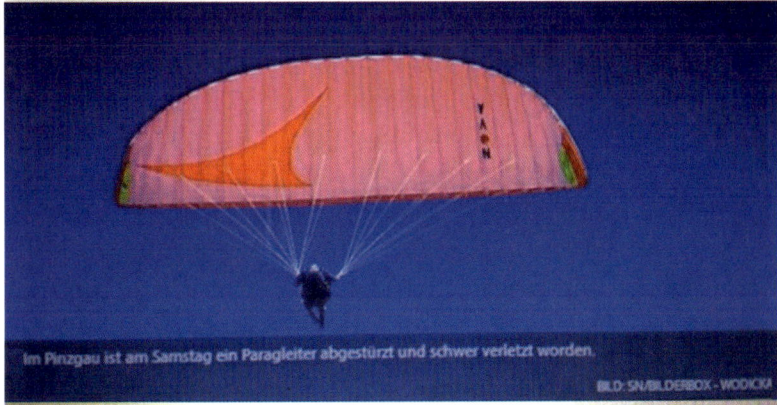

SALZBURG | CHRONIK

Absturz aus 50 Metern: Paragleiter in Piesendorf verletzt

Von Sn | 18.05.2013 - 15:32

Aus rund 50 Metern ist am Samstag ein 48-jähriger Paragleiter in Piesendorf abgestürzt und schwer verletzt worden. Beim Landeanflug klappte eine Seite des Schirms ein. Ein technischer Defekt war nicht zu erkennen.

Im Pinzgau ist am Samstag ein Paragleiter abgestürzt und schwer verletzt worden.

BILD: SN/BILDERBOX - WODICKA

Um 10 Uhr war der Deutsche vom Gipfel der Schmittenhöhe in Zell am See gestartet. Beim Landeanflug gegen 11:15 Uhr klappte dann eine Seite des Schirms ein. Zwar betätigte der 48-Jährige noch den Rettungsschirm, wegen der geringen Höhe konnte sich dieser aber nicht mehr öffnen.

Uns erreichte die Hiobsbotschaft, dass unser Sohn Traugott in Österreich mit seinem Gleitschirm aus 50 m Höhe abgestürzt und schwer verletzt ist.

Beim Landeanflug klappte eine Seite des Schirms ein. Zwar betätigte er noch den Rettungsschirm, aber wegen der geringen Höhe, konnte der Schirm sich nicht mehr öffnen. Mit einem Hubschrauber wurde er sofort in eine Klinik nach Salzburg geflogen.

Seine Frau Micha und ich fuhren in der Nacht nach Salzburg in die Klinik. Sein Becken war bei dem Aufprall auf die Erde ca. 5 cm nach oben verschoben. Am Genick, Beinen, Becken und Rippen waren viele Brüche geschehen.

Auf der Intensivstation in Salzburg beteten wir intensiv für ihn und informierten in Deutschland per Mail auch viele Personen, die für ihn beten sollten. Es war ein langer Weg der Heilung. Besonders mussten wir wieder für das Bein beten, dass die Knochen doch wieder durchblutet würden, da sonst das Bein abgenommen werden müsste.

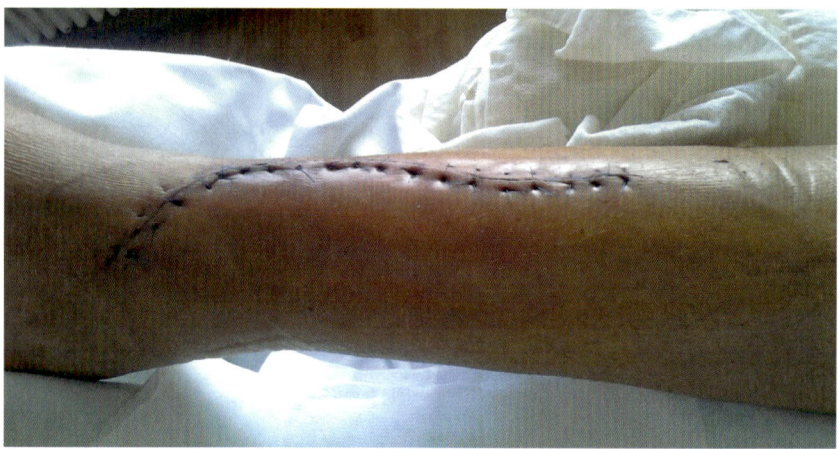

Das zusammengeflickte Bein von Traugott

Bis er transportfähig war, wurden in Salzburg die ersten Operationen durchgeführt. Anschließend erfolgte die weitere Behandlung in Duisburg. Deshalb wurde er mit einem Spezialtransport nach Duisburg in die Berufsunfallklinik geflogen.

Viele Monate mit Reha und weitere ambulante Behandlungen waren nötig, aber wir beteten weiter, dass Gott ihn wieder total herstellen möge.

Heute kann er wieder seinen Beruf voll ausüben. Wir danken, preisen und loben unseren Gott, dass er vom Tode errettet hat.

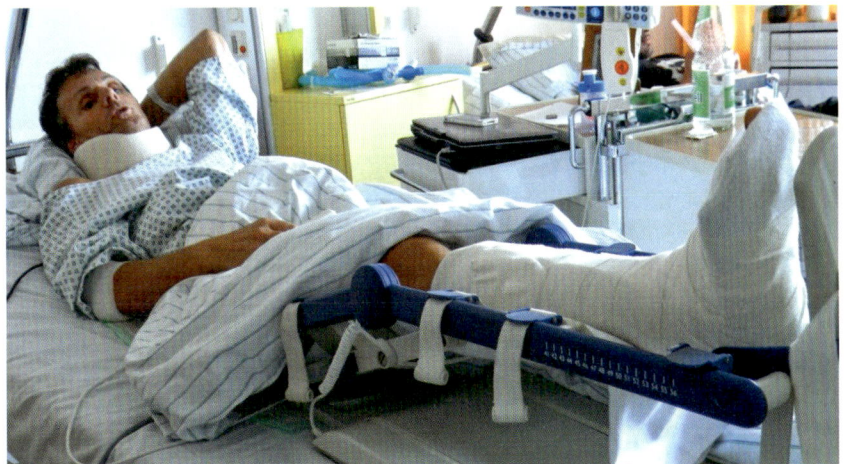

Unser Sohn Traugott im Krankenhaus von Salzburg

Herr, mein Gott, groß sind deine Wunder und deine Gedanken, die du an uns beweisest; Dir ist nichts gleich!

Ich will sie verkündigen und davon sagen, obwohl sie nicht zu zählen sind.

90. 2013: Paul M. todkrank auf der Intensivstation in Dortmund

Seine Frau Renate rief mich unter Tränen an und sagte: „Der Paul liegt im Sterben."

Nach einer Darmoperation war die Wunde aufgegangen und alles hatte sich in den Bauchraum ergossen.

Ich fuhr an dem Sonntagabend spät nach Dortmund, um mit ihm zu beten. Er war an viele Schläuche und Instrumente angeschlossen und erkannte mich natürlich nicht.

Als ich betete und im Namen Jesu dem Todesgeist gebot zu weichen, wurde sein Atem sichtlich ruhiger und sein Puls, der weit über 100 war (so konnte ich es an den Instrumenten ablesen), ging auf ca. 80 zurück. Als ich leise sang „ER ist HERR, ER ist HERR" bewegten sich seine Lippen mit.

Bevor ich ging, segnete ich ihn mit Gesundheit und Wohlbefinden. Da kam ein leises Amen und Danke über seine Lippen.

Nach einigen Tagen erkundigte ich mich bei seiner Frau. Sie bestätigte, dass bei Paul ein Wunder geschehen war. Er war jetzt in der Reha und fühlt sich wohl. Halleluja!

91. 2014: Christa S. auf der Intensivstation in Duisburg

Ich besuchte Christa S. im Krankenhaus. Sie lag bewusstlos an viele Schläuche angeschlossen. An dem Instrument der Pulsfrequenz sah ich, dass der Puls bei 109 war. Die Krankenschwester stand neben mir und ich betete, dass der Herr Jesus sie jetzt berühren möge.

Auf dem Instrument sah ich, dass der Puls von 109 herunterging und auf etwas über 80 stehen blieb. Die Krankenschwester war außer sich vor Staunen, und ich konnte mit ihr ein gutes Gespräch über den Glauben führen. Gebetserhörungen kann man auch an Instrumenten ablesen.

92. 2015: Reise nach Indien mit dem Besuch meiner Patenkinder

Mit einem Team von fünf Leuten reiste ich nach Indien, um Waisenhäuser, Leprastationen und verschiedene Missionare zu besuchen.

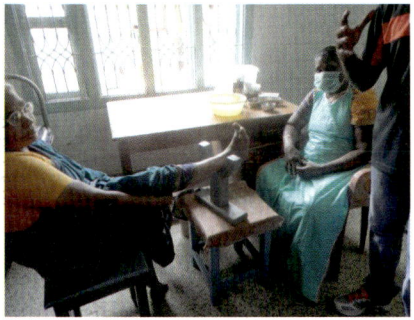
Eine Leprastation

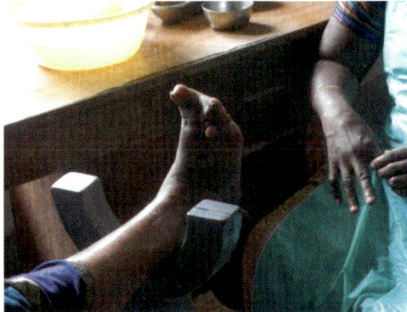
Ein von Lepra befallener Fuß

Ich habe dort viele wunderbare Eindrücke gehabt. Von einem Erlebnis dieser Reise, welches mich sehr bewegt hat, möchte ich an dieser Stelle berichten.

Meine beiden Patenkinder, Chandu, 11 Jahre, und Wishwash, 10 alt, wollte ich unbedingt besuchen. Dafür musste ich ca. 500 km allein mit einem Bus fahren. Ich buchte einen sogenannten Sleeperbus, der die ganze Nacht durchfuhr.

Die Probleme begannen, weil das Taxi sehr verspätet kam, welches mich zum gebuchten Bus bringen sollte. Mit ca. zwei Std. Verspätung kam endlich das Taxi. Der Taxidriver fuhr mit einem Affenzahn, wobei er einige rote Ampeln ignorierte bei dieser Höllenfahrt. Als ich den Bus bestieg, fuhr er nach drei Minuten los.

Ich hatte eine relativ gute Koje, die man mit einem Vorhang zuziehen konnte. Nachdem ich es mir ein bisschen bequem gemacht hatte, versuchte ich zu schlafen.

Leider hatte der Bus keine Toilette. Ich musste ganz dringend austreten. Gegen 4.30 Uhr hielt der Bus an einer Tankstelle. Ich ging nach vorne und sagte zu dem Mann an der Türe: „Please wait a minute I come back soon." (*„Bitte warte eine Minute, ich komme bald zurück.")* „O.k.", sagte er. Als ich noch mein Geschäft verrichtete, hörte ich wie der Bus abfuhr.

Die Horrorfahrt begann:
Alle meine Sachen mit Reisepass, Geld, Handy, Kamera, Wäsche, Kulturbeutel und die Geschenke für die Patenkinder waren im Bus geblieben, und der fuhr ohne mich nach Mysore. Was sollte ich machen? Panik überfiel mich. Tränen rannen über mein Gesicht und ich schrie ein Gebet zum Himmel: **„Herr Jesus, bitte, bitte, hilf mir!"** Wie kann ich jemand erreichen, ohne Adresse, ohne Telefonnummern, ohne Ticket, ohne Handy etc.? In meiner Verzweiflung begann ich weiter zu beten: „Herr Jesus, du siehst meine verzweifelte Lage. Ich weiß nicht, wie es weiter gehen soll. Bitte, bitte greife ein!" Da sprach Gott ganz deutlich akustisch mit einer warmen tiefen Männerstimme zu mir:

„Ich sehe dich. Ich weiß, wie du dich fühlst. Habe keine Angst. Ich bin bei Dir, ich bin dein Vater und du bist mein Kind. Du wirst alles wiederbekommen, bis auf das Geld, dein Handy und deine Brille. Ich werde dich zu deinen Patenkindern bringen. Glaube und vertraue mir."
Ich erschrak und wurde dann ganz ruhig, wie Gott gesprochen hatte. *Doch wie ging es weiter?*

Ich fragte mehrere Männer: „Do you speak English?"
Fünf, sechs Mal bekam ich die Antwort: "No!"

Wieder betete ich: „Herr, zeige mir einen Mann, der Englisch spricht." Der Herr zeigte mir einen Mann mit einem blauen Hemd. Ihn sprach ich an.

Er wollte von mir die Busgesellschaft oder die Bus-Nummer oder Schlafplatz-Nummer wissen. Das alles wusste ich nicht. Das stand alles auf meinem Ticket, welches im Bus lag. Glücklicherweise hatte ich mein indisches Geld geteilt, indem ich ein kleines Portemonnaie mit einigen Rupien bei mir hatte. Der größte Teil lag im Bus.

Er riet mir, mit einem anderen Bus in das ca. 30 km entfernte Bangalore zu fahren und dann weiter nach Gundelpet. Er fand einen Bus, und mit dem fuhr ich für ein paar Rupien nach Bangalore.

Alle Scheiben und Türen waren im Bus offen. Es zog wie Hechtsuppe, und die Menschen standen dicht gedrängt wie in einer Sardinendose. Zuerst stand ich auch, dann fand ich einen Sitzplatz, weil einer vor mir ausstieg. Nach einer Stunde waren wir in Bangalore. Ich wusste, dass ich weiter in das ca. 250 km entfernte Mysore musste. Dort wartete der Leiter des Kinderheimes auf mich, um mich nach Gundelpet zu bringen, wo meine Patenkinder lebten. Aber wo fährt ein Bus nach Mysore?

Wieder das Gebet: „Herr, hilf doch, dass ich jemanden finde, der Englisch spricht." Einen ziemlich gutaussehenden Mann sprach ich an. Er zeigte mir den Bus, der im Begriff war abzufahren. Ihn erreichte ich in letzter Sekunde. Die Schaffnerin sprach wieder kein Englisch.

Es war wieder ein bisschen schwierig, sich zu verständigen, aber mit Hilfe einiger Mitreisende konnte ich das Ticket nach Mysore im Bus bezahlen. Es war ein sehr guter Bus und nicht so voll wie die anderen Busse.

Es würde den Rahmen dieses Buches sprengen, um alle Probleme zu beschreiben, bis ich in Gundelpet ankam. Mit einem jungen Mann fuhr ich das letzte Stück in einer Rikscha, bis ich endlich zu dem Kinderheim kam.

Als ich das Schild sah mit der Aufschrift:
„Christlicher Missions-Dienst", wusste ich, ich bin am Ziel.

Hier wohnten und lebten meine Patenkinder. Ich konnte nur rufen: „Halleluja. Danke, Herr Jesus, Du hast geholfen. Alle Ehre sei dir ganz allein."

Leider konnte ich kein Foto machen, weil mein Handy mit allen Sachen im Bus geblieben war. Auch wie ich meine Sachen wieder-bekam, ist eine Geschichte für sich, die ich vielleicht in einem späteren Reisebericht beschreiben werde.

Das Resümee dieser Fahrt war wieder ganz neu: Wir haben einen Gott, der hört, erhört und in aussichtslosen Situationen hilft und sein Wort bestätigt.

Das folgende Bild zeigt meine Patenkinder nach meiner Horrorfahrt. Shandu, das Mädchen, und Wishwasch, der Junge, zeigen sich stolz mit ihrem Patenvater.

Mit meinen beiden Patenkindern konnte ich dann doch noch einige schöne Stunden verbringen.

94

Die Patenkinder Shandu (links) und Wishwasch (rechts),
zusammen mit ihren Patenvater

93. 2016: Reise nach Sibirien: Von Moskau bis zum Baikalsee

Mit Bruder Hans Ollesch von der Arbeitsgemeinschaft für verfolgte Christen und sieben weiteren Personen machten wir eine Missionsreise nach Sibirien. Wir besuchten viele Gemeinden, trafen Menschen, die gerne Gottes Wort annahmen, und erlebten viele Gebetserhörungen.

Besonders beeindruckt hat mich die Arbeit der Gemeinden mit drogenabhängigen Männern. Die Gemeinden kaufen ein Grundstück ca. 10 km von der Stadt entfernt. Dort wird ein ganz primitives Camp errichtet. Nachdem sie sich entschlossen haben, clean zu werden und zu bleiben, leben, schlafen und arbeiten sie dort. Es werden alle Arten von Gemüse angepflanzt. Auch Gänse, Schweine und Hühner werden gemästet. Alles, was sie nicht selbst essen, wird auf dem Wochenmarkt verkauft. Die Männer lernen dabei, ein strukturiertes Leben zu führen und ihren Unterhalt selbst zu finanzieren. **Wenn jemand wieder zurückfällt, beten sie zusammen für denjenigen. Auch wir durften mit einigen Männern beten und Gott bestätigte sein Wort.** Wir hörten erschütternde Zeugnisse aus dem Leben Drogenabhängiger. Heute sind viele der ehemaligen Drogenabhängigen in verantwortungsvoller Stellung in den Gemeinden.

Mädchen in Sibirien freuen sich über eine Bibel

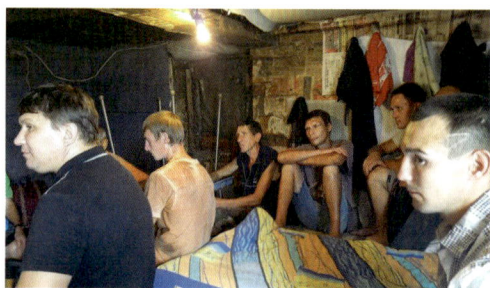

Unterkunft der ehemaligen Drogenabhängigen

Auf der Rückreise machten wir noch einen Kurzbesuch in Moskau. Plötzlich bekam ich wahnsinnige Rückenschmerzen und konnte nicht mehr weiterlaufen. Ich bat einen Bruder aus unserer Gruppe, der es nicht gewohnt war mit Kranken zu beten, mit mir zu beten. Er zögerte erst, betete dann aber mit mir und Gott erhörte das Gebet auf der Stelle. Die Schmerzen verschwanden augenblicklich.

Wir haben einen wunderbaren Gott, der überall erhört!

94. 2016: Flug nach Rhodos: Ein Kreislaufkollaps im Flugzeug

Meine Frau Herta und ich hatten eine Urlaubsreise nach Rhodos gebucht, und flogen gegen sechs Uhr morgens von Düsseldorf ab. Nach ca. einer Std. Flugzeit sagt meine Frau zu mir: „Mir ist es sooo schlecht." Nach einer Minute fiel ihr Kopf auf meine Schulter und sie war total ohnmächtig. Ich wusste, dass sie bei einem Kreislaufkollaps sofort Erbrechen würde und sagte der Stewardess Bescheid. Sie brachte einige Tüten und Tücher. Als sie zwischendurch ein wenig wach wurde, sagt sie nur „Toilette". Mit zwei Männern versuchten wir sie zur Toilette zu bringen. Es war fast hoffnungslos. Sie wurde dann auf den Fußboden vor dem Cockpit gelegt. Aber dort war es erbärmlich kalt. Mit einer Decke wurde sie provisorisch zugedeckt.

Die Stewardess wollte den Notarzt anrufen, um sie ins Krankenhaus zu bringen. Das hörte meine Frau und rief: „Nein, nein, ich will nicht ins Krankenhaus." Doch ich entschied, dass der Krankenwagen auf das Rollfeld kommen sollte, um sie ins Krankenhaus zu fahren. So wurde es auch durchgeführt. Im Notarztwagen bekam meine Frau mehrere Spritzen und Medikamente, um die lange Fahrt in dem Wagen bei den schlechten Straßen zu überstehen.

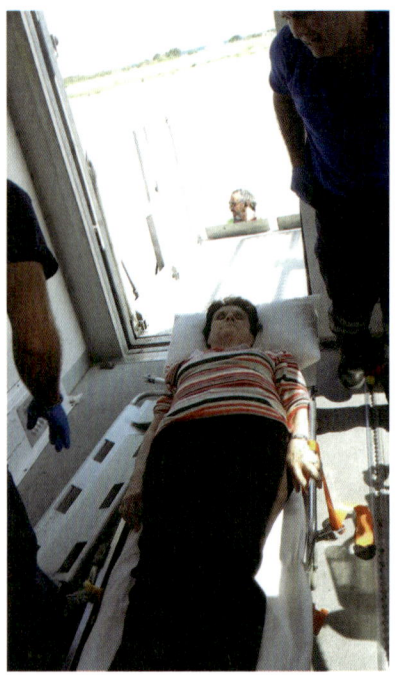
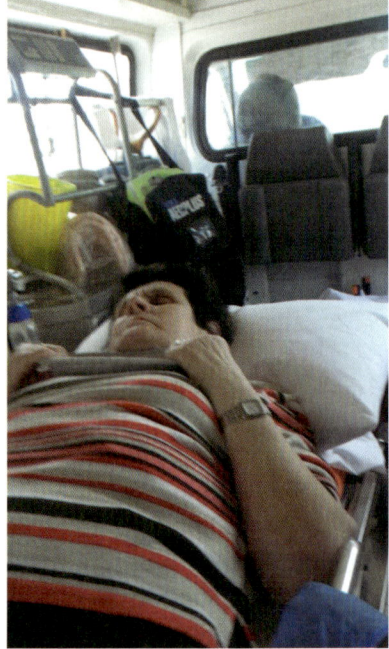

Aus dem Flugzeug...   in den Notarztkrankenwagen

Während des gesamten Fluges und der Fahrt zum Krankenhaus hatte ich immer wieder gebetet, dass der Herr Jesus eingreife und in dieser Notlage helfen möge. Nach einigen Stunden im Krankenhaus und vielen Tests wollte der leitende Arzt sie unbedingt stationär aufnehmen, doch meine Frau weigerte sich. Wir beteten weiter und glaubten, dass unser Herr und Heiland auch jetzt wieder alles gut machen würde. Auf eigene Verantwortung verließen wir das Krankenhaus und fuhren zum Flughafen, um unser Gepäck zu suchen und ins Hotel zu fahren. Wir fanden unser Gepäck und wurden von einem anderen Bus, der auch in unseren Ferienort fuhr, mitgenommen.

Glücklich und erschöpft fielen wir dankbar in unsere Betten und dankten unserem Gott, dass alles gut endete. Unserem Herrn gebührt aller Dank.

95. 2016: Wegfahrsperre am Wagen gelöst

Ich musste zu meiner wöchentlichen Wassergymnastik ins Krankenhaus fahren. Mit meinem VW-Golf fuhr ich ganz normal auf einen
Parkplatz.

Als ich zurückkam, konnte ich nicht starten, es leuchtete im Display
immer die Meldung „Wegfahrsperre eingeschaltet". Was ich auch
versuchte, der Motor ging immer wieder aus. Ich rief meine Frau an,
die die Werkstatt informierte. Doch diese sagte, dass der Wagen
abgeschleppt werden muss. Auf dem Parkplatz sei eine Reparatur
nicht möglich. Ich fuhr am Abend mit dem Bus zur Wera-Gemeinde
und berichtete von dem Problem. Die Gemeinde betete intensiv für
das Problem.

Am anderen Morgen fuhr ich wieder mit dem Bus zu dem Parkplatz,
wo der Wagen immer noch stand. Auf der Hinfahrt betete ich ohne
Unterlass, dass sich die Wegfahrsperre in „Jesu Namen" lösen möge.

Als ich dort ankam und den Motor startete, lief er ohne
Schwierigkeiten. Ich fuhr weg und sagte viele Male: „Danke, Jesus."
Auf dem Display kam auch keine Meldung mehr „Wegfahrsperre
aktiviert."

Als ich von dieser Sache in der Werkstatt berichtete, sagte der
Meister: **„Das gibt es nicht, das ist unmöglich!"**

Gott ist ein Gott, der größer ist als alle technischen Probleme!

Schlusswort

Wenn man die vorstehend genannten Erlebnisse liest, könnte man glauben, dieser Mann hat noch nie Not, Enttäuschungen, Depressionen und Anfeindungen erlebt. Dem ist nicht so. Es gab viele bittere Stunden im Beruf, in der Gemeinde, in der Familie, in der Verwandtschaft und Freundschaft. In diesen schmerzvollen Stunden kamen sogar Selbstmordgedanken auf.

Soll ich davon in Einzelheiten berichten? Es würde keinem irgendwie helfen und etwas bringen. Aber in diesen dunklen Stunden erlebte ich auch die helfende Hand meines Herrn und die tröstenden Worte des Heiligen Geistes, der mich vor diesem furchtbaren Schritt bewahrt hat. Deshalb steht über allen Erlebnissen das Wort, welches Gott viele Male in der Bibel sagt: „Erzählt von den Wundern, die ich getan habe." Die Summe der negativen Erfahrungen wird überstrahlt von dem Ausspruch des Hiob, der in seinem Leben auch viel Elend, Not und Krankheit erlebt hat:

Hiob sagt: „Ich weiß, dass mein ERLÖSER lebt." Alle Erlebnisse in diesem Buch sollen dazu dienen, unserem GOTT auch in schweren Stunden zu vertrauen, denn ER enttäuscht uns nie.

Vielleicht hat der ein oder andere Leser dieses kleinen Buches gedacht, das möchte ich auch mal erleben, dass Gott zu mir spricht. Genau, das ist letztendlich der eigentliche Zweck dieses Buches.

Da gibt es nur eine Voraussetzung, dies ganz praktisch zu erleben. Gott sagt in seinem Wort: „Meine Schafe hören meine Stimme."
Man muss ein Schaf des guten Hirten „Jesus Christus" werden.

Es kann sein, dass jemand sagt: „Nein, ein Schaf will ich nicht sein."
Aber das ist die Voraussetzung, Gottes Stimme zu hören.

Eine gute Hilfe dazu ist, wenn sie das nachstehende Gebet nicht mit dem Kopf, sondern im totalen Glauben sprechen:

„Vater im Himmel, vergib mir meine Schuld. Danke, dass du meine Sünden vergeben hast, weil Jesus Christus für mich am Kreuz gestorben und mein Erlöser geworden ist. Herr Jesus, bitte übernimm du die Führung in meinem Leben. Verändere mich nach deinem guten Willen so, wie du mich haben willst. Danke, dass du mein Gebet erhört hast. Amen."

Wenn Sie das im Glauben gesprochen haben, sind Sie jetzt sein Kind und Gott ist Ihr Vater. Als sein Schaf können Sie seine Stimme hören.

Herta und Georg Kämpgen

Tipps zum Glauben im Web

Wo finde ich in meiner Nähe eine Kirche oder Freikirche?
www.Gemeindeatlas.de
www.Christliche-Gemeinden.eu
www.Kirchenverzeichnis.net
www.nächster-Gottesdienst.de

Ecclesia-Kirchen-Webseiten
www.Ecclesia-Kirchen.de
www.Liebe-in-Aktion.org
www.Ecclesia-Kids.de
www.Adventure-Center.de
www.Ecclesia-Jugend.de

Bund freier Pfingstgemeinden
www.bfp.de - Freikirchliche Pfingstgemeinden
www.BestageforLife.de - Tipps und Angebote für Ältere

Weitere interessante Links
www.Amen.de - Gib deine Sorgen ab
www.Jesusfilm.org/watch.html - der JESUS-Film
www.Jesus.de - Community um den christlichen Glauben
www.Radio.de/genre/Christliche%20Musik/ - 1000 Sender
www.Erfpop.de - Musik für Jüngere

Christl. Bücher, Videos, Kino-Filme, Musik
www.Gerth.de
www.Fontis-Shop.de
www.Bundes-Verlag.net - Zeitschriften für alle Generationen

Für Ältere
www.Lebenslauf-Magazin.net
www.Freund.ch - Bibelfreizeiten, Israel-Reisen, Neues von Israel

Für Paare und junge Familien
www.family.de

102

Tipps zum Glauben im Web

Online-Workshops & Artikel... - vom www.ERF.de
www.MehrGlauben.de
www.Das-Jesusprofil.de
www.Jesus-Experiment.de
www.JoeMax.de - für Kinder

Kernaussagen der Bibel
www.Jesus.ch/thefour
www.Duentscheidest.com
www.DasBibelprojekt.de

Studentenwebseite
www.Campus-D.de

Online-Bibel in vielen Übersetzungen und Sprachen
www.BibleServer.com
www.Bible.com/de
www.Schlachterbibel.de/de/bibel/

Bibel-APP für PC, Tablet, Smartphone
www.Bible.com/de/app

Medien, Künstler und Musik
www.Creation2Creator.de - christl. Künstler, Konzerteangebote und viel mehr
www.BibelTV.de - 24 Std. christl. Fernsehen
www.christliches-fernsehen.info - viele christl. Fernsehsendungen

Alte Evangeliumslieder
www.Bensound-Musikshop.com - private Sammlung

Die Gideons international
www.Gideons.de - Vereinigung von Christen in beruflicher Verantwortung, deren Anliegen es ist, die Bibel, das Wort Gottes, weiterzugeben.

Sie möchten ein Buch herausbringen? Ich helfe Ihnen dabei!
www.Multimedia-Bachor.de - Gerhard Bachor